PRESENÇA DO AXÉ

MAPEANDO TERREIROS NO RIO DE JANEIRO

PUC
RIO

Reitor
Pe. Josafá Carlos de Siqueira SJ

Vice-Reitor
Pe. Francisco Ivern Simó SJ

Vice-Reitor para Assuntos Acadêmicos
Prof. José Ricardo Bergmann

Vice-Reitor para Assuntos Administrativos
Prof. Luiz Carlos Scavarda do Carmo

Vice-Reitor para Assuntos Comunitários
Prof. Augusto Luiz Duarte Lopes Sampaio

Vice-Reitor para Assuntos de Desenvolvimento
Prof. Sergio Bruni

Decanos
Prof. Paulo Fernando Carneiro de Andrade (CTCH)
Prof. Luiz Roberto A. Cunha (CCS)
Prof. Luiz Alencar Reis da Silva Mello (CTC)
Prof. Hilton Augusto Koch (CCBM)

**DENISE PINI FONSECA
E SONIA MARIA GIACOMINI**

PRESENÇA DO AXÉ

MAPEANDO TERREIROS NO RIO DE JANEIRO

Rio de Janeiro, 2013

© Editora PUC-Rio
Rua Marquês de S. Vicente, 225
Projeto Comunicar – Casa Editora/Agência
Gávea – Rio de Janeiro – RJ – CEP 22453-900
Telefax: (21) 3527-1760/1838
www.puc-rio.br/editorapucrio | edpucrio@puc-rio.br

Conselho Editorial PUC-Rio
Augusto Sampaio, Cesar Romero Jacob, Fernando Sá, Hilton Augusto Koch, José Ricardo Bergmann, Luiz Alencar Reis da Silva Mello, Luiz Roberto Cunha, Miguel Pereira e Paulo Fernando Carneiro de Andrade.

Revisão de originais: Gilberto Scheid
Revisão de provas: Nina Lua
Editoração do miolo: Saul Bento Nigri

© Pallas Editora
Rua Frederico de Albuquerque, 56
Higienópolis – Rio de Janeiro – RJ – CEP 21050-840
Tel.: (21) 2270-0186
www.pallaseditora.com.br | pallas@pallaseditora.com.br

Editoras: Cristina Fernandes Warth e Mariana Warth
Produção editorial: Aron Balmas e Livia Cabrini
Design de capa: Luis Saguar e Rose Araujo

Todos os direitos reservados. Nenhuma parte desta obra pode ser reproduzida ou transmitida por quaisquer meios (eletrônico ou mecânico, incluindo fotocópia e gravação) ou arquivada em qualquer sistema ou banco de dados sem permissão escrita das Editoras.

(Este livro segue as novas regras do Acordo Ortográfico da Língua Portuguesa.)

Este livro foi impresso em dezembro de 2013, na Gráfica Assahi, em São Paulo. O papel de miolo é o offset 75g/m², o do caderno de imgens é o couché 115g/m² e o de capa é o cartão 250g/m².

Fonseca, Denise Pini Rosalem da

Presença do Axé: mapeando terreiros no Rio de Janeiro / Denise Pini Rosalem da Fonseca, Sônia Maria Giacomini. – Rio de Janeiro: Ed. PUC-Rio, 2013.

184 p. : il. (color.) ; 24 cm

Inclui bibliografia

ISBN (PUC-Rio): 978-85-8006-119-2

ISBN (Pallas): 978-85-347-0513-4

1. Cultos afro-brasileiros. 2. Candomblé. 3. Umbanda. I. Giacomini, Sônia Maria. II. Título.

CDD: 299.6

Este livro é dedicado a Mãe Beata de Iyemonjá, em nome de quem homenageamos todos os membros do Conselho Griot.

Agradecimentos

Muitos são aqueles que merecem o nosso reconhecimento e mais sinceros agradecimentos, posto que sem as suas contribuições comprometidas e generosas este trabalho jamais poderia ter sido realizado.

Na PUC-Rio somos gratas à Reitoria, nas figuras do Pe. Josafá Carlos de Siqueira SJ, do Pe. Francisco Ivern Simó SJ e do Pe. Jesus Hortal Sánchez SJ, que acolheram e apoiaram a realização deste ousado projeto cada um a seu tempo e à sua maneira. Aos membros do Conselho acadêmico interno da pesquisa, professores Augusto Sampaio, Luiz Roberto Cunha, Cesar Romero, Pe. Francisco Ivern, Pe. Mário França e Monique Augras, que atuaram como esteios de muitas ordens durante o seu desenvolvimento. Aos profissionais da Vice-reitoria para Assuntos Comunitários, Vice-reitoria Acadêmica, Vice-reitoria Administrativa, Assessoria Jurídica e Decanato de Ciências Sociais, que não raro foram acionados para nos conduzir com segurança no dia-a-dia da pesquisa. Aos criativos profissionais do Projeto Comunicar, em todas as suas instâncias, que agregaram beleza e garantiram apurada visibilização de cada uma das atividades e produtos que este trabalho demandou. Aos colegas do Departamento de Direito, professores Caitlin Mulholand, Thula Pires, Adriano Pilatti, Fábio Leite e Francisco de Guimaraens que tomaram para si a responsabilidade de escrever a cartilha para legalização dos terreiros.

Ainda na PUC-Rio, merecem menção especial as equipes dos dois núcleos interdisciplinares que irmanaram forças para que este projeto encontrasse a sua mais justa formulação: o NIMA e o NIREMA.

No NIMA somos particularmente gratas ao professor Luiz Felipe Guanaes Rego, do Departamento de Geografia e seu coordenador, parceiro de toda a jornada, que reuniu uma equipe de jovens geógrafos para construir o mapa do projeto através do LabGIS e disponibilizá-lo através do website do núcleo poucos meses após o início da pesquisa de campo, bem como produzir mais de 60 mapas temáticos que foram sendo criados a partir das reflexões que fazíamos sobre o banco de dados gerado pela pesquisa. Sem o seu aporte este trabalho jamais se completaria. Da sua equipe participaram Gustavo Russo, Elaine Tinoco, *Leonardo Gnattali de Mello Campos,* Roosevelt Fideles de Souza e Rodrigo Paixão, este último responsável pelos estudos estatísticos que deram suporte ao capítulo sobre as ações sociais realizadas pelos terreiros.

No NIREMA, em sólida parceria com o Departamento de Ciências Sociais, através do qual se concederam bolsas de iniciação científica do CNPq, participaram da análise de dados Lucas de Deus, Isabella Menezes, Namíbia Rodrigues, Ana Luiza Guimarães, Alessandra Pereira e Bruno Larrubia, este último, estudante de pós-graduação responsável pela confecção dos gráficos e tabelas que compõe o capítulo sobre "intolerância religiosa". Ali também prestaram inestimável serviço, como monitores da pesquisa de campo, Flávia Pinto e Adailton Moreira Alves, verdadeiros pilares na construção do banco de dados e aguerridos defensores políticos dos valores que ensejaram esta pesquisa.

Nossa gratidão às contribuições de Carlos Moura, da Comissão Brasileira de Justiça e Paz da CNBB e Jocélio Teles dos Santos, da Universidade Federal da Bahia, que atuaram como membros do Conselho acadêmico externo da pesquisa e, como tais, orientaram nossas primeiras reflexões na concepção do projeto de pesquisa. Nosso agradecimento se estende a Alfredo Wagner Berno de Almeida, cujo trabalho no Projeto Nova Cartografia Social da Amazônia, realizado em Belém, serviu como inspiração para alguns dos nossos mapas.

Na esfera política somos particularmente gratas ao Deputado Federal, Edson Santos, que na capacidade de Ministro da SEPPIR/PR acreditou nesta parceria com a PUC-Rio para a realização do mapeamento e o seguiu fazendo permanentemente desde então. Ainda no âmbito da SEPPIR/PR, nossa gratidão é devida à então Secretária Política para Comunidades Tradicionais, Ivonete Carvalho e ao Ministro Elói Ferreira de Araújo que reiteraram este compromisso a despeito de aporias que foram se apresentando. Também merecem nosso reconhecimento, Cida Abreu, Secretária Nacional de Combate ao Racismo do PT e Claudio Nascimento Silva, Superintendente de Direitos Individuais, Coletivos e Difusos da SUPERDIR/RJ, pela maneira como se colocaram ao lado deste projeto desde a primeira hora.

No âmbito acadêmico seremos sempre gratas ao professor Henri Acselrad do Instituto de Pesquisa e Planejamento Regional da Universidade Federal do Rio de Janeiro, pela contribuição preciosa de uma apresentação deste trabalho que nos orgulha e emociona. Nossa gratidão é estendida ao professor e geógrafo Rogério Haesbaert, da Universidade Federal Fluminense, pelo aporte de uma reflexão conceitual que lastreia o nosso trabalho, bem como pela leitura crítica do capítulo sobre territórios-rede, sugerindo interpretações mais apuradas e ajustes metodológicos que qualificaram o nosso trabalho. À professora e assistente social Ilda Lopes Rodrigues da Silva, da PUC-Rio, que atuou como leitora crítica deste mesmo capítulo no aprimoramento da discussão sobre trabalho social, também se estende a nossa gratidão.

Aos mais de 20 estudantes da PUC-Rio e de outras instituições de ensino superior do Rio de Janeiro, que atuaram como pesquisadores de campo durante os 20 meses de visitas aos terreiros localizados em 30 municípios do Estado do Rio de Janeiro, o nosso reconhecimento pelo esforço, pela seriedade e pelo compromisso. Ao fotógrafo Zezzynho Andraddy, que produziu mais de 300 imagens de fachadas de terreiros no Rio de Janeiro com um olhar de apreço e cuidado vai o nosso reconhecimento. Aos quase 850 líderes religiosos que abriram as portas das suas casas sagradas para nos acolher em sua intimidade e confiança, a nossa emocionada gratidão e respeito.

Finalmente, aos membros do *Conselho Griot* desta pesquisa, nossos agradecimentos estarão sempre aquém da enorme contribuição graciosamente oferecida por esta legião de homens e mulheres de fé, que empenharam seu tempo, sua palavra e sua afetividade para dar à luz a um saber que, espera-se, seja inspiração para um mundo de respeito, de reconhecimento e de paz.

Denise Pini Rosalem da Fonseca e Sônia Maria Giacomini

Prefácio de Mãe Beata de Iyemonjá
Ialorixá do Ilê Omi Ojuarô

Durante toda minha vida – já se vão algumas décadas – nunca me furtei a alguns desafios. Quando procurada por minha filha Flávia Pinto – na época ela ainda não pertencia à PUC-Rio – solicitando meu apoio para este ousado projeto, na mesma hora acionei a professora Denise Fonseca, do Departamento de Serviço Social, pedindo que apoiasse esta inovadora empreitada. Ela atendeu prontamente, em sua peculiar curiosidade e tenacidade solidária às questões das religiões de matriz africana, juntamente com outra grande parceira de longas datas, que é a professora Sônia Giacomini, do Departamento de Ciências Sociais, também da PUC-Rio, outra grande mulher que discute as questões ligadas ao feminismo e seus aspectos.

Emociona-me a forma como este belo projeto foi construído a várias mãos. A participação de tod@s nós foi fundamental para ver os resultados que ora se apresentam neste livro. A presença maciça de lideranças religiosas de matriz africana, que compunham o *Conselho Griot* da pesquisa, contribuiu sobremaneira para a legitimidade do projeto, pois tudo era discutido, e nenhuma decisão era tomada sem o aval de tod@s nós do Conselho.

Senti-me de fato presente, pois discutíamos todos os passos a serem tomados para bons caminhos (*onan ire*), líderes de várias correntes de matriz africana, que se debruçavam horas e dias juntamente com a academia – em pé de igualdade – para ver o nosso trabalho acontecer.

Pude, ao pé de meus oitenta anos à época, participar desta nossa jornada inter-religiosa por visibilidade de tod@s nós, que ao longo de séculos fomos negligenciados em nossos direitos civis, sociais e políticos, em consequência do processo histórico, construído na negação da importância dos povos africanos na construção da identidade cultural, política e religiosa brasileira.

Orgulhei-me quando estive presente, e também pude assinar o convênio entre a SEPPIR/PR e a PUC-Rio, nas figuras do então ministro Edson Santos e do reitor Pe. Jesus Hortal SJ, para viabilizar esta pesquisa inovadora e ousada no que tange ao reconhecimento das casas religiosas de matriz africana no estado do Rio de Janeiro.

Creio que a pesquisa é somente o primeiro passo para outras iniciativas que busquem trazer à tona o universo de preconceito e discriminação que nossas religiões de origem africana passam até os dias de hoje, fruto da ignorância de um país que nega sua própria história, invisibilizando as ações que estas casas religiosas desenvolvem em seu meio, desempenhando muitas vezes o papel que deveria ser do Estado, dando sustentabilidade a sua população com políticas públicas verdadeiras para salvaguardar os direitos de seus cidadãos e cidadãs.

Sou uma filha de *Iyemonjá*, aquela que é a senhora dos mares, divindade do panteão *ioruba*, que protege seus filhos e filhas das mazelas do mundo, trazendo a todos e a todas em seu colo, acalentando e sustentando a todos e a todas com seus seios fartos de bondade e carinho, não deixando que passem tantas privações. É assim que identifico minha mãe, a nossa protetora, aquela a quem rogo por justiça social e igualdade neste mundo tão desigual.

Rogo todos os dias para que possa ver o dia em que as pessoas venham a viver em harmonia, respeitando cada qual em suas diferenças.

Iyemonjá o, awa pe alajo... (*Iyemonjá* venha a nós ser nossa justiceira).

A pesquisa é uma conquista de todos nós, homens e mulheres, que continuam acreditando em dias melhores para o mundo, pessoas que não estão apáticas ao desenrolar das atitudes fundamentalistas de segmentos religiosos que perseguem as religiões de matriz africana de forma tão vil e cruel, negando a própria Constituição de nosso país, que reza a liberdade religiosa enquanto um direito constitutivo.

Espero poder estar viva para ver outras pesquisas deste porte na visibilidade e legitimidade de nossa religião por estes brasis brasileiros, brasis dos povos originais, brasis quilombolas, brasis em sua diversidade de gênero, brasis ciganos, brasis católicos, brasis judeus, brasis, *brasis*.

Que *Iyemonjá Ogunté*, que é minha mãe e de todos e todas, lhes dê força para continuar a luta por nossos brasis diversos.

Asé.

Prefácio de Pai Pedro Miranda
União Espiritualista da Umbanda do Brasil

O Movimento Religioso da Sagrada Lei de Umbanda tem uma longa caminhada, no sentido de levar a todos os segmentos da sociedade o esclarecimento do trabalho desenvolvido pelos Templos Religiosos da Umbanda.

Surgida através da revelação espiritual, tendo como instrumento o humilde Caboclo das Sete Encruzilhadas, vibrando em seu médium Zélio de Moraes em 15 de novembro de 1908, gerou uma sequência de manifestações, em razão de uma nova expressão de caráter religioso. Esse movimento, pouco a pouco, foi se expandindo, levando a todos os cantos a Nova Luz que surgia. Centenas e centenas de Templos Umbandistas foram sendo abertos em todo canto desta Sagrada Terra de Santa Cruz.

Mas essa manifestação não se resumiu ao campo da religiosidade, engendrou-se na área da assistência social. Conceitos inadequados sobre ela foram expressos. A essa nova realidade não se deu guarida no campo da Administração Pública, de um modo geral.

Entretanto, chegou-se a um ponto da necessidade de se pesquisar sobre a penetração da Umbanda em vários pontos de ação da nossa sociedade. Eis que surge o trabalho de pesquisa sobre o número de Templos Umbandistas e de sua penetração no seio das comunidades, de um modo geral.

Foi desenvolvido um amplo trabalho de pesquisa sobre a localização dos Templos Umbandistas e sobre a sua ação social. Alcançou-se a realidade da discriminação de ordem religiosa vivida e sentida por centenas de irmãos e irmãs que trilharam, no exercício de seu livre arbítrio, o caminho da Umbanda.

O conteúdo do presente livro se reveste de uma grande importância para se alcançar a realidade informativa da Umbanda. Sua leitura dará a todos que nela caminham, ou que procuram o estudo religioso sério e sem intolerância, a realidade de sua atividade em todos os cantos.

Nossa mensagem amiga e fraterna a todos aqueles que participaram e colaboraram na concretização deste valioso trabalho, legando um verdadeiro estudo histórico em relação à Umbanda. Somente a Paz, somente o Amor, conduzem o homem ao alívio de sua dor.

Prefácio de Pe. Francisco Ivern SJ
Vice-Reitor da PUC-Rio

Com muito prazer aceitei o convite para escrever algumas palavras no livro que agora se publica sobre o trabalho realizado pela PUC-Rio, a pedido da Secretaria de Políticas de Promoção da Igualdade Racial da Presidência da República (SEPPIR/PR), para mapear os terreiros das religiões de matrizes africanas no estado do Rio de Janeiro. Tive o privilégio de acompanhar este trabalho desde os seus começos. Digo "privilégio", porque ele exemplifica a tarefa específica da nossa Universidade como uma instituição de reconhecida qualidade acadêmica, mas, ao mesmo tempo, inspirada pelos princípios e valores que marcam a sua identidade cristã e católica.

A seriedade e o rigor acadêmicos acompanharam sempre este mapeamento. Basta comprovar, por exemplo, como foram realizados os mapas desses terreiros para constatar a elevada qualidade científica do trabalho realizado. Desde o começo, porém, deixamos bem claro que o nosso interesse para realizar este estudo não era apenas puramente acadêmico, mas também estava inspirado – e eu ousaria dizer não apenas "também", mas prioritariamente inspirado – pela nossa responsabilidade social e pelo nosso desejo de nos abrir e aprender dessas religiões, sem por isso ignorar, e menos ainda renunciar, aos valores que caracterizam nossa própria tradição religiosa.

A nossa responsabilidade social não podia ignorar as perseguições e injustiças que esses terreiros sofrem por parte de grupos e movimentos – um bom número deles até pretendem ser "cristãos" – que os discriminam e até os perseguem pelas suas origens africanas e/ou pelas suas tradições religiosas. Por outro lado, como tive ocasião de manifestar em diversas ocasiões ao longo do "mapeamento", este estudo nos ofereceu a oportunidade de nos enriquecer, ao descobrir valores que esses terreiros cultivam e, ao mesmo tempo, de nos relacionar com lideranças dessas religiões de elevado valor humano e moral.

Espero que este mapeamento, este trabalho tão bem realizado, possa inspirar outros que coloquem em evidência, não apenas a nossa seriedade científica, mas também os princípios e valores que deveriam inspirar o trabalho e a vida da nossa Universidade.

Sumário

Apresentação — 21
Henri Acselrad

Introdução — 25
Denise Pini Rosalem da Fonseca e Sônia Maria Giacomini

O território e a territorialidade — 39
Rogério Haesbaert

Denominações e regiões — 49
Denise Pini Rosalem da Fonseca e Sônia Maria Giacomini

Territórios-rede e trabalho social do axé — 63
Denise Pini Rosalem da Fonseca

"Intolerância religiosa": discriminação e cerceamento do exercício da liberdade religiosa — 133
Sônia Maria Giacomini

Considerações finais — 159
Denise Pini Rosalem da Fonseca e Sônia Maria Giacomini

Posfácio — 177
Mãe Flávia Pinto

Autoras e colaboradores — 181

Anexos – Documentos da pesquisa — 185

Apresentação

Henri Acselrad

A constituição de um problema público, dizem-nos os filósofos pragmáticos, resulta de um esforço coletivo de definição e controle de uma situação percebida como problemática, em que atores individuais e coletivos, organizações e instituições expressam, discutem e julgam opiniões, rastreiam problemas, lançam sinais de alerta e de alarme (Cefaï, 2003). Disputar a definição de um problema público significa envolver-se num conflito sobre a configuração do visível. Seu objeto é a distribuição dos espaços privados e públicos, dos assuntos que neles se deve ou não tratar, e dos atores que têm ou não motivos para neles estar e para deles se ocupar (Rancière, 1996). Isto posto, podemos dizer que a iniciativa de tornar visíveis os processos de territorialização do axé e as manifestações de intolerância religiosa constitui um momento deste tipo de disputa.

O mapeamento de terreiros apresentado no presente livro faz parte dos esforços de compreensão e identificação de lugares e objetos reveladores, de um trabalho de invenção e de herança, um exercício de memória que, espera-se, venha a ser capaz de animar dinâmicas de transformação. Certas situações problemáticas dizem respeito a representações do espaço. E tais representações podem constituir, ao mesmo tempo, indicadores e modalidades das formas contemporâneas de construção espacial. Trata-se de imagens, de imaginários, de ideologias e de crenças que concorrem para configurar a relação dos grupos sociais com o espaço. São colocados em pauta processos de reconhecimento de territórios – identificação, denominação, legitimação, estruturação – pelos quais se procede à fabricação social de novos territórios. Assinale-se, porém, que tais modos de reconhecimento, quando postos em prática, não são nem unânimes, nem consensuais. Eles suscitam conflitos de representações que põem em jogo a questão do poder – de um poder cultural dos atores, função de sua capacidade a produzir normas e referências para a ação. Através destes conflitos, contesta-se a paisagem cultural dominante e critica-se o modo como certos grupos projetam e comunicam para todos os demais grupos uma imagem do mundo conforme a perspectiva que lhe é própria, de modo a ter sua imagem particular aceita como expressão da realidade de todos (Cosgrove, 1989).[1]

As disputas em torno das representações do mundo correm, por sua vez, em paralelo à própria dinâmica de construção de atores individuais e coletivos, do processo de elaboração de culturas públicas, sob a forma de repertórios de argumentos e de vocabulários de motivos (Cefaï, 2003). As demandas de reconhecimento de direitos por comunidades específicas não ocorrem fora do contexto de geometrias particulares de poder em que estes direitos são construídos e estabelecidos. Por isso, "a reformulação do modo como se imagina o espaço e a espacialidade pode se tornar ela própria uma ação política", de modo a alterar tais geometrias (Massey, 1999: 279-294). Os exercícios de desconstrução e reconstrução das cartografias podem constituir momentos de tal ação – ação que visa a problematizar a relação que se tem com o espaço, assim como a relação com o visível. Tanto mais que trata-se, no caso da presente pesquisa e de sua resultante cartográfica, de tirar da invisibilidade uma rede de lugares e relações de significação e de promover um aprendizado coletivo com respeito à sua visualização, ou seja, sobre a configuração do visível. Tal aprendizado, ao evidenciar novas leituras do espaço urbano, concorre para desenhar uma nova cartografia cultural das cidades. Trata-se de pôr em evidência, no urbano – na contramão da cidade mercantil – a presença das marcas do que é culturalmente diverso, não redutível a relações de consumo, compra e venda, procurando recuperar na cidade a experiência do encontro entre diferentes histórias e culturas.

---

[1] Versão em português em Corrêa e Rosendhal, 1989.

Segundo Pierre Veltz, os conflitos urbanos exprimem hoje "o paradoxo segundo o qual os *recursos não mercantis* não veem seu papel diminuir, mas, ao contrário, se afirmar e se estender nas economias tecnificadas e concorrenciais" (Veltz, 1997: 389-399).² Trata-se, portanto, de disputas pela memória e pelo sentido da vida urbana. Este é o caso da luta pelo reconhecimento dos direitos territoriais quilombolas e pela legalização de terreiros que, nas cidades, configuram um embate que é cultural, mas também político, voltado à construção de cidades democratizadas e diversas, que preservem paisagens culturais construídas e reconstituídas no espaço e no tempo, com sua diversidade e sua memória, traços de variados ambientes – ecossistêmicos, cênicos, arquitetônicos, mas também locacionais e imateriais. Tais lutas ilustram o fato que, frente à temporalidade urbana do capital, subordina e normaliza os outros tempos; como afirma Walter Benjamin, só o tempo dialético da política, que inova e surpreende, pode opor-se à burocratização da cidade e à destruição de sua memória (Benjamin apud Matos, 1997: 118-127).

Em seus primórdios, os mapas eram ficção, percepção do mundo através dos mitos. Seu posterior desenvolvimento fez com que se passasse de uma geografia do imaginário para geografias utilitárias do espaço material. Mapear terreiros, hoje, implica "reencantar a cartografia" (Vianna Jr., 2009: 36-37), em espacializar uma negritude que se encontra na estrutura dos sonhos, no modo de sonhar (Martins, 2008) e que se esforça em acordar para a invenção de novos mundos e novas sociedades.

---

² Versão em português em Acselrad, 1999.

REFERÊNCIAS

ACSELRAD, H. *A duração das cidades*. Rio de Janeiro: DP&A, 1999.

CEFAÏ, Daniel. Qu'est-ce qu'une arène publique? Quelques repères pour une approche pragmatique. In: _____ e JOSEPH, Isaac (Orgs.) *L´Héritage du pragmatisme – conflits d´urbanité et épreuves de civisme*. La Tour d'Aigues. Paris: Editions de l'Aube, 2003.

COSGROVE, Denis. Geography is Everywhere: Culture and Symbolism in Human Landscapes. In: GREGORY, D. e WALFORD, R. *Horizons in Human Geography*. Londres: Macmillan, 1989.

CORRÊA, R. L. e ROSENDHAL, Z. *Paisagem, tempo e cultura*. Rio de Janeiro: Eduerj, 1989.

MARTINS, José de Souza. A cidade multicultural. In: *Cidades sul-americanas: assegurando um futuro urbano*, Conferência Urban Age América do Sul, dez./2008. Disponível em: <http://lsecities.net/media/objects/articles/the-multicultural-city?lang=pt-br>. Acesso em 11/05/2013.

MASSEY, Doreen. Space of Politics. In: _____, ALLEN, J. e SARRE, P. *Human Geography Today*. Cambridge: Polity Press, 1999.

MATOS, O. A cidade e o tempo: algumas reflexões sobre a função social das lembranças. In: _____. *História viajante: notações filosóficas*. São Paulo: Studio Nobel, 1997.

VIANNA JR., Aurelio. O reencantamento da Cartografia. In: *Le Monde Diplomatique*. Rio de Janeiro, jun./2009.

RANCIÈRE, Jacques. *O desentendimento*. São Paulo: Editora 34, 1996.

VELTZ, Pierre. Temps de l'Économie, "Temps de la Ville: les dynamiques". In: OBADIA, A. (Org.) *Entreprendre la Ville – Nouvelles Temporalités – Nouveaux Services*. Paris: Ed. de l'Aube, 1997.

Introdução

Denise Pini Rosalem da Fonseca e Sônia Maria Giacomini

Digo: o real não está na saída nem na chegada: ele se dispõe para a gente é no meio da travessia (João Guimarães Rosa, *Grande Sertão: Veredas*, 1956).

Era a primeira vez que as duas iam ao morro do Castelo. Começaram de subir pelo lado da rua do Carmo. Muita gente há no Rio de Janeiro que nunca lá foi, muita haverá morrido, muita mais nascerá e morrerá sem lá pôr os pés. Nem todos podem dizer que conhecem uma cidade inteira. Um velho inglês, que aliás andara terras e terras, confiava-me há muitos anos em Londres que de Londres só conhecia bem o seu clube, e era o que lhe bastava da metrópole e do mundo.

Natividade e Perpetua conheciam outras partes, além de Botafogo, mas o morro do Castelo por mais que ouvissem falar dele e da cabocla que lá reinava em 1871, era-lhes tão estranho e remoto (...) Uma crioula perguntou a um sargento: "Você quer ver que elas vão à cabocla?" (Machado de Assis, *Esaú e Jacó*, 1904).

Este livro é produto da pesquisa *Mapeamento das casas de religiões de matrizes africanas no Rio de Janeiro*, realizada pelos Núcleos Interdisciplinares de Reflexão e Memória Afrodescendente (Nirema) e de Meio Ambiente (Nima), sob a gestão do Decanato do Centro de Ciências Sociais (CCS) da Pontifícia Universidade Católica do Rio de Janeiro (PUC-Rio), entre 2008 e 2011.

Para a sua realização, esta pesquisa institucional da PUC-Rio contou com o apoio da Secretaria Especial de Políticas de Promoção da Igualdade Racial da Presidência da República (SEPPIR/PR), e serviu como uma das principais referências metodológicas para o posterior desenvolvimento de um programa nacional de mapeamento de terreiros daquela Secretaria.

A respeito daquelas Unidades Complementares da PUC-Rio, é importante que se conheça que o Nirema trabalha no sentido de ampliar a compreensão da sociedade brasileira sobre temas relativos às relações raciais, com ênfase no estado do Rio de Janeiro. O núcleo desenvolve pesquisas que buscam dar visibilidade às manifestações do racismo a que estão sujeitos os indivíduos da população negra[3] brasileira, no sentido de enfrentá-lo para superá-lo. As pesquisas desenvolvidas pelo núcleo têm por objetivo:

- contribuir para o (re)conhecimento do patrimônio identitário da população negra brasileira;
- identificar e analisar as formas através das quais se manifestam na sociedade brasileira a desigualdade e a discriminação racial;
- contribuir para a concepção e aplicação de mecanismos, práticas e políticas públicas que garantam os direitos de cidadania da população negra brasileira; e
- apoiar iniciativas voltadas para a constituição e fortalecimento de sujeitos coletivos que reivindicam uma identidade afrodescendente.

O projeto de pesquisa *Mapeamento das casas de religiões de matrizes africanas no Rio de Janeiro* foi a primeira materialização de uma desejada integração entre a escala humana e da paisagem. Sua grande inovação era a construção de uma base documental qualitativa – através de uma metodologia envolvendo um trabalho de campo sistemático e participativo, assim como novas ferramentas tecnológicas – para a realização de uma cartografia social das casas religiosas de matrizes africanas no Rio de Janeiro.

A proposta de realização de um mapeamento de "terreiros"[4] no Rio de Janeiro foi apresentada à PUC-Rio em 2006 pela *Yalorixá* Mãe Beata de Iyemonjá, principal liderança religiosa do *Ilê Omi Ojuarô*.

---

[3] A nomenclatura "população negra" adotada neste trabalho se refere à denominação racial postulada por Kabengele Munanga (2003: 46-52).
[4] Este trabalho utiliza a expressão "casas de religiões de matrizes africanas" para refletir a pluralidade das denominações de que trata. Contudo, a expressão "terreiros" tem sido utilizada como sinônimo por alguns membros de movimentos sociais (particularmente os vinculados ao Candomblé de nação Nagô) e pela SEPPIR/PR.

Naquela ocasião, já se reconhecia no Nirema que a intolerância religiosa professada por algumas igrejas neopentecostais, e expressamente dirigida contra as casas de religiões de matrizes africanas e seus adeptos, com matizes de perseguição sociopolítica, era uma questão a ser tratada no contexto da reflexão do Núcleo. Um projeto de mapeamento como o sugerido por Mãe Beata mostrou-se, então, como uma oportuna pauta de pesquisa e extensão, que cumpriria duas funções: oferecer uma resposta assertiva a uma demanda nascida no bojo dos movimentos sociais, e desenvolver uma forma inovadora de tratamento da questão do racismo e suas práticas.

RELIGIÕES DE MATRIZES AFRICANAS: EM BUSCA DE (RE)CONHECIMENTO E RESPEITO

A intolerância religiosa, como um tema de fronteira entre Religião e Política, remonta à Antiguidade, e como tal já se encontra bastante estudado. No entanto, a questão sociopolítica (percebida como religiosa) a que nos referimos aqui constitui um fenômeno relativamente recente, cuja bibliografia está em processo de construção desde o princípio da década de 1990. A esse respeito, destacamos os trabalhos de Luiz Eduardo Soares (1993), Ari Pedro Oro (1997) e Vagner Gonçalves da Silva (2007), dentre outros não menos importantes.

É relevante que se faça inicialmente uma distinção entre as igrejas pentecostais tradicionais (como, por exemplo, as igrejas Batista e Metodista), algumas delas denominações protestantes historicamente ligadas aos movimentos sociais de resistência racial no Brasil e no exterior, e algumas igrejas pentecostais de geração recente, cujas práticas são etnografadas neste livro, particularmente no capítulo dedicado ao estudo dos casos de intolerância religiosa. A este respeito, Oro explica:

> "Neopentecostalismo" é um termo aplicado ao pentecostalismo de segunda e, sobretudo de terceira onda, segundo a tipologia proposta por P. Freston (1993) (...) embora não haja fronteiras nítidas pode-se caracterizar da seguinte forma este novo modo de ser pentecostal: pentecostalismo de líderes fortes, pentecostalismo anti-ecumênico, pentecostalismo "liberal", pentecostalismo de cura divina, pentecostalismo eletrônico e pentecostalismo empresarial (Oro, 1997: 10).

Entendida pelos pesquisadores do Nirema como uma das formas como se atualiza o racismo no contexto presente, esta expressão de intolerância religiosa, de fato, vem tomando dimensões alarmantes nos últimos anos, e se inscreve no quadro geral de naturalização da violência na vida cotidiana das cidades brasileiras, uma situação que urge ser compreendida e enfrentada pelos estudiosos de cidadania e direitos humanos em busca por uma cultura de paz.

O crescimento exponencial do número de templos e de fiéis de igrejas neopentecostais, majoritariamente nas áreas pobres das grandes cidades, pode ser explicado pelas práticas sistêmicas de cooptação adotadas por estas igrejas. Estas estratégias se sustentam principalmente no par paradoxal desqualificação/mimetização das religiões de matrizes africanas e de suas práticas rituais e litúrgicas, pela via da satanização e o seu corolário: o uso supostamente abençoado da violência e legitimado de outras expressões de desrespeito e agressão.[5]

O objetivo explícito destas práticas é o de disputar adeptos, promovendo o silenciamento e/ou invisibilização do povo-de-axé, o que leva ao enfraquecimento das suas redes de solidariedade horizontais e propicia a cooptação individual nos momentos de maior fragilidade pessoal ou familiar. Certas igrejas neopentecostais

> (...) são o grande antagonista das religiões de origem negra nos dias de hoje, a ponto de lhe declararem perseguição sem trégua, que contamina, com intransigência e uso frequente da violência física, as periferias mais pobres das grandes cidades brasileiras (Pierucci e Prandi, 1996: 258).

Os projetos de desenvolvimento socioambiental local, realizados pelo Nima entre os anos de 2003 e 2005, permitiram entrar em contato direto com alguns dos mecanismos de enfraquecimento e invisibilização das casas de religiões de matrizes africanas, utilizados por algumas igrejas neopentecostais nos bairros pobres e favelas da cidade do Rio de Janeiro, e que se encontram amplamente registrados na literatura sobre os cultos afro-brasileiros referentes à última década. Eles incluem:

---

[5] Uma rápida revisão da mídia ilustra o crescimento de ocorrências de profanações e atos de violência sistêmicos, cometidos contra casas de religiões de matrizes africanas em todo o Brasil. Durante a realização desta pesquisa um dos casos de agressão que foi noticiado pela imprensa foi perpetrado contra um terreiro de Umbanda localizado no bairro do Catete, na noite de 2 de junho de 2008.

- a escolha sistemática de terrenos localizados imediatamente ao lado, ou à frente (vizinhos), de terreiros tradicionais para a construção de novos templos, como forma de enquistar uma presença dita cristã em territorialidades de matrizes religiosas africanas (invasão);
- o uso de aparelhos amplificadores de som para fazer a pregação invadir e encobrir a sonoridade própria dos terreiros (silenciamento). Decorre daí a denominação "igrejas eletrônicas" que vem sendo comumente usada;
- a intimidação verbal explícita, ou comportamental simbólica, do povo-de-axé, principalmente nos momentos de atividades religiosas dos terreiros (perseguição);
- são frequentes as denúncias que registram a associação direta de lideranças de algumas dessas igrejas com grupos armados, com domínio de território nas favelas para o exercício pleno da violência física contra os terreiros e seus frequentadores (dominação);
- a prática de reserva do acesso aos benefícios de programas sociais governamentais aos convertidos a algumas das igrejas neopentecostais (segregação).

Neste contexto, esta pesquisa teve por objetivo construir conhecimento sobre as casas de religiões de matrizes africanas no Rio de Janeiro para o enfrentamento da intolerância religiosa que estas vêm sofrendo, compreendida como sistêmica, orquestrada e absolutamente estratégica enquanto prática de racismo, com finalidades políticas e econômicas.

Ao mesmo tempo, a pesquisa visava conhecer as práticas sociais e políticas dos terreiros, no sentido de promover o reconhecimento do trabalho social que realizam e o fortalecimento das identidades religiosas de matrizes africanas no Rio de Janeiro, como maneira de enfrentar os processos de perseguição e silenciamento destas tradições. O que se desejava era contribuir para a visibilização das redes de solidariedade horizontais afrodescendentes, como forma de adesão à luta antirracista no Brasil.

Com estes objetivos em mente, e enquanto uma instituição de ensino superior comunitária, a PUC-Rio buscou propiciar o diálogo inter-religioso para a construção de uma cultura democrática e plural, ao participar da construção de um corpo documental sistemático sobre a presença das casas de axé no Rio de Janeiro.

Enquanto resultados esperados, a pesquisa manteve um compromisso, tanto com produtos, quanto com processos. Neste sentido, os principais processos ensejados foram, de certa maneira, também um produto: o fortalecimento destas identidades religiosas e das redes de solidariedade horizontais afrodescendentes. Ambas – as identidades e as redes sociais – são percebidas como ferramentas preciosas para a construção de sujeitos coletivos com base em identidades raciais definidas por pertenças religiosas.

Cabe ressaltar, no entanto, que esta "racialização" das religiões de matrizes africanas não constitui um consenso, nem ao menos no interior destas redes, havendo denominações para as quais a associação da religião com a "raça" seja mais natural e outras para as quais esta associação é quase inaceitável.

MOVIMENTOS SOCIAIS E ACADEMIA: EM BUSCA DE UMA NOVA EPISTEMOLOGIA

Para o mapeamento das casas de religiões de matrizes africanas no Rio de Janeiro, foram constituídos três conselhos consultivos:

O primeiro, denominado *Conselho acadêmico da PUC-Rio*, foi composto pelo vice-reitor de Assuntos Comunitários; pelo decano do Centro de Ciências Sociais e por professores da casa, referências acadêmicas em áreas correlatas ao tema da pesquisa: Comunicação Social, Geografia e Teologia.

O segundo foi denominado *Conselho acadêmico-político externo à PUC-Rio*, composto por representações de instituições capazes de estabelecer articulações com importantes pesquisas correlatas realizadas anteriormente no Brasil: a Comissão Nacional de Justiça e Paz da Conferência Nacional dos Bispos do Brasil (CNBB) e o Centro de Estudos Afro-orientais da Universidade Federal da Bahia.

O terceiro, e mais importante para a realização da pesquisa, foi o *Conselho religioso-político*, composto por 14 autoridades representantes no Rio de Janeiro de distintas tradições religiosas de matrizes africanas, que ficou conhecido como *Conselho Griot*.[6]

O objetivo geral da conformação desses conselhos era o de manter a organicidade sociopolítica da pesquisa, tanto com instituições produtoras de conhecimento científico, quanto com as que articulam as principais pertenças político-religiosas na cidade do Rio de Janeiro. O que estava por trás desta estrutura de pesquisa era a determinação de promover a coprodução de co-

---

[6] *Griots* são contadores de histórias que vivem na África ocidental. Eles são percebidos como portadores da memória e da sabedoria dos antepassados.

nhecimento entre os portadores dos chamados conhecimentos tradicionais e o conhecimento científico, em busca de uma nova epistemologia.

Os conselheiros da PUC-Rio e do conselho externo cumpriram o papel de, a partir dos seus *loci* específicos de atuação, orientar a pesquisa quanto a aspectos teóricos e metodológicos e do ponto de vista das articulações possíveis com outras instituições acadêmicas.

As casas com assento no *Conselho Griot* representavam distintas tradições religiosas afrodescendentes presentes na região, com ênfase nos municípios do Rio de Janeiro e da Baixada Fluminense. As representações de Candomblé e Umbanda foram divididas equitativamente, pois a pesquisa não poderia se permitir discriminar ou privilegiar qualquer denominação religiosa em particular. Estas eram:

Candomblé

Ilê Omi Ojuarô (Miguel Couto, Nova Iguaçu);

Ilê Axé Opô Afonjá (Coelho da Rocha, São João de Meriti);

Ilê Axé Alakorowo (São João de Meriti);

Bate Folha (Anchieta, Rio de Janeiro);

Casa *Jocô Ilê Iyá Omim* (Vilar dos Teles, São João de Meriti);

Ilê Ti Oxum Omi Iyá Oba Ti odo Ti ogum Lé (Parque Amorim, Belford Roxo);

Casa de Pai Bira de *Xangô* (São João de Meriti); e

Umbanda

União Espiritualista de Umbanda do Brasil (Todos os Santos, Rio de Janeiro);

Casa da Justiça Divina (Campo Grande, Rio de Janeiro);

Conselho Nacional da Umbanda do Brasil (Rio de Janeiro);

Templo *Oxossi* Caçador (Jacarepaguá, Rio de Janeiro);

Templo Espiritualista *Jagum* (Bonsucesso, Rio de Janeiro);

Templo de *Oxossi* (Pilares, Rio de Janeiro); e

Centro Espírita Casa do Perdão (Campo Grande, Rio de Janeiro).

Ao longo dos 20 meses de pesquisa o *Conselho Griot* recebeu pontualmente adesões de algumas outras casas, ampliando o seu espectro. O papel dos conselheiros religiosos foi o de definir o alcance e os limites da pesquisa em termos de:

- definição das casas a serem pesquisadas;
- definição das condições de acessibilidade à informação coletada;
- gestão e utilização do conhecimento criado;
- necessidades metodológicas específicas;
- dinâmica de interação e trabalho com as casas mapeadas; e
- apoio na busca de possíveis fontes de financiamento.

Em dezembro de 2008 a PUC-Rio firmou um convênio com a Secretaria Especial de Políticas de Promoção da Igualdade Racial da Presidência da República (SEPPIR/PR), destinando recursos para o pagamento parcial dos custos do trabalho de pesquisa de campo e divulgação dos seus achados.

O trabalho de campo iniciou-se em maio de 2009, envolvendo uma equipe composta por 20 pesquisadores e dois monitores. Estes dois monitores, Flávia Pinto e Adailton Moreira Costa, conjugam várias características que, combinadas, se mostraram preciosas para a realização competente de diversas tarefas ligadas ao mapeamento. De fato, aliando compromisso e vivência religiosa a uma boa formação na área de ciências sociais – a primeira era estudante de graduação do Departamento de Ciências Sociais da PUC-Rio, local onde o segundo já era licenciado –, ao que, além disso, acrescenta-se – a despeito da pouca idade – uma já relativamente rica militância em movimentos político-religiosos, foram peças fundamentais para costurar alianças e articulações políticas, assim como monitorar no campo os pesquisadores, tarefas de cujo sucesso dependeram muitos dos resultados alcançados por este projeto.

Este trabalho consistiu em visitas individuais a cada uma das casas mapeadas, contatadas a partir de redes. O método de indicação de entrevistados utilizado nesta pesquisa, denominado "bola de neve" (Salganik e Heckathorn, 2004), teve origem nas 14 casas de religiões de matrizes africanas do Rio de Janeiro que compõem o *Conselho Griot* da pesquisa. Este foi adotado por melhor se adequar ao tipo de sujeito político pesquisado e sua história. Cabe ressaltar que este método, ao privilegiar a indicação direta de pessoas pertencentes a grupos geralmente pouco conhecidos e de difícil acesso, geralmente se esgota nos limites da rede conformada por relações de identificação e de confiança. Assim sendo, embora esse critério de indicação possa, de fato, resultar na identificação de redes significativas e com malhas razoavelmente finas, não permite conhecer amplamente o campo pesquisado.

Os achados do trabalho de campo foram sistematizados em um banco de dados digital. A visita dos pesquisadores a cada uma das casas mapeadas principiava com a apresentação e proposta de assinatura do *Termo de Consentimento Livre e Esclarecido* e do *Termo de Concessão de Direitos de Uso de Imagem e Outros Pactos*, seguida do preenchimento do *Questionário da Pesquisa* (Ver Anexos), respeitados os consentimentos de cada casa. Todo este material compôs os acervos documentais manuscritos, impressos e digitais da pesquisa, arquivados e protegidos pela PUC-Rio de acordo com os critérios de acessibilidade estabelecidos pelo *Conselho Griot*.

Para a construção do site da pesquisa, conformou-se uma equipe composta por dois geógrafos e um webmaster. O trabalho dos geógrafos foi o de preparação dos dados cadastrados pela equipe de campo para a sua utilização no mapeamento e a organização e adequação das demais informações geográficas a serem utilizadas para a integração da escala humana com a da paisagem. O webmaster teve a responsabilidade da construção e atualização sistemática do site da pesquisa, que está disponível on-line desde outubro de 2009 em: http://www.nima.puc-rio.br/mapeamento/.

A pesquisa de campo foi desenvolvida regularmente entre maio de 2009 e março de 2011, com um período de interrupção transcorrido entre junho e agosto de 2010, totalizando 20 meses de trabalho de campo. É importante ressaltar que os pesquisadores e monitores integrados ao projeto, através de processo seletivo e após treinamento para trabalho de campo e iniciação à pesquisa, foram estudantes regularmente matriculados em diversos cursos de graduação de instituições de ensino superior (IES) do Rio de Janeiro, tais como: Letras, Serviço Social, Sociologia e Política, História, Psicologia, Educação etc.

Dentre os muitos candidatos a pesquisadores que se apresentaram, provenientes da PUC-Rio e de outras IESs do Rio de Janeiro, foram selecionados, preferencialmente, aqueles que demonstraram vínculos vivos com o segmento religioso de matriz africana, ou nexos políticos claros com os movimentos sociais de corte racial no Rio de Janeiro. Por serem estes bolsistas do projeto, pode-se argumentar que a pesquisa manteve um perfil de ação afirmativa voltada para a população negra e para o povo-de-axé, critério a que vieram se somar a empatia e a necessária postura reflexiva para a realização adequada das entrevistas.

A visita a cada casa mapeada foi agendada previamente, através da utilização de um *software* especialmente criado pela PUC-Rio para esta finalidade. Foram visitadas 847 casas localizadas em 30 municípios do Rio de Janeiro, das quais a quase totalidade encontra-se mapeada no site da pesquisa. Os raríssimos casos de casas não georreferenciadas no *site* se referem às casas cuja autorização para publicação não foi emitida.

O banco de imagens gerado pelo mapeamento retrata 203 fachadas de casas, registradas por Zezzynho Andraddy em 366 imagens tomadas a partir de agosto de 2010. Além disso, o projeto reuniu mais de duzentas imagens que compõem o banco de material fotográfico colhido em praticamente todas as atividades e fases de sua realização, desde as apresentações públicas até as reuniões de treinamento e de divulgação. Esse material constitui um precioso acervo, quer como documentos para análise, quer como testemunho dos processos vividos pelo mapeamento e, por essa razão, está parcialmente reproduzido no caderno de imagens que integra este livro.

As imagens referentes à construção da identidade visual do projeto merecem um comentário especial, sobretudo pelo processo através do qual esses produtos imagísticos foram obtidos. Como é de praxe nas experiências conhecidas de cartografia social, os símbolos e as imagens que identificam as denominações e as diferentes legendas na confecção dos mapas são objeto de discussão e de definição pelo próprio grupo a ser mapeado. Essa etapa consistiu numa das mais ricas e interessantes experiências da pesquisa, que mobilizou as lideranças do projeto durante praticamente uma reunião inteira do *Conselho Griot* destinada ao desenho, à discussão das formas, cores, significados e símbolos que deveriam constar em cada um dos diferentes produtos do projeto de mapeamento. Em seguida, contando com o aporte dos profissionais da Agência PUC, as imagens associadas ao projeto foram desenvolvidas a partir de desenhos criados especialmente para essa finalidade pelo *Conselho Griot* em maio de 2009. Em seguida, essas imagens foram trabalhadas por *designers* da Agência PUC e retornadas para a apreciação do Conselho, que se definiu unanimemente por uma delas. O logotipo escolhido passou a constar de todo o material produzido pelo projeto.

É importante comentar que a proposta desta pesquisa, em seu primeiro semestre de existência, suscitou um acalorado debate político de âmbito nacional sobre a legitimidade da PUC-Rio para a realização de um estudo dessa natureza, com implicações na organização das forças políticas que se comprometeram com a sua realização no Rio de Janeiro, particularmente através da composição do *Conselho Griot*.

Desde 2006, quando Mãe Beata de Iyemonjá convocou a PUC-Rio para promover este mapeamento, até o final de 2008, quando a Universidade firmou o convênio com a SEPPIR/PR, estabelecendo uma parceria do Estado brasileiro com a PUC-Rio para enfrentar este desafio, muitos foram os fluxos e refluxos deste debate.

A escolha da metodologia e das técnicas utilizadas nesta pesquisa teve como objetivo principal identificar e dar visibilidade a um grupo que historicamente, a fim de sobreviver, assumiu taticamente o sincretismo e a invisibilidade como alternativas recorrentes e preferenciais. O acesso a esses religiosos e a suas casas constitui, de fato, o principal desafio a ser enfrentado por este projeto. Nesse sentido, embora tenha sido efetivamente perseguida a meta de mapear e aplicar o questionário ao maior número possível de casas, em momento algum houve a intenção de esgotar o campo pesquisado.

Esteve bastante claro desde o início que, pelas características já apontadas, este não se tratava de um universo que pudesse ser contatado sem uma prévia apresentação e balizados avais e recomendações. Daí a trabalhosa e demorada opção pelo agendamento da entrevista, com data previamente fixada e com a indicação do respondente pela autoridade religiosa da casa.

A opção pela visita à casa, assim como pelo cuidado e qualidade da informação recolhida através destes procedimentos, pelo tempo e energia que demandaram durante todo o processo, tiveram como consequência um número menor de casas mapeadas e de questionários respondidos. Caso a opção tivesse sido diminuir o número de questões e aligeirar o contato com cada casa, certamente resultaria em um aumento da quantidade de casas mapeadas.

Os resultados dessa pesquisa são apresentados neste livro nos próximos capítulos.

O território e a territorialidade, generosa colaboração de Rogério Haesbaert, do Departamento de Geografia da Universidade Federal Fluminense (UFF), discute esses dois conceitos a partir da sua historiografia e das suas características ontológicas, com o objetivo de subsidiar teoricamente suas utilizações na interpretação e análise dos dados coletados pelo mapeamento.

O capítulo *Denominações e regiões* apresenta os critérios metodológicos adotados na construção dessas duas principais variáveis manejadas para o seu georreferenciamento e nas análises quantitativas e qualitativas. Permitirá ao leitor aproximar-se da complexidade das pertenças religiosas professadas pelos colaboradores da pesquisa, bem como os seus arranjos espaciais no conjunto de municípios acessados pela pesquisa e suas correlações com outras variáveis estudadas.

Territórios-rede e trabalho social do axé descreve e discute os processos de territorialização do axé observáveis no Rio de Janeiro na atualidade e as principais ações sociais realizadas pelos terreiros, no combate à fome, nas ações afirmativas, na proteção da diversidade, na geração de emprego e renda, na defesa de direitos humanos, na educação ambiental etc. Este capítulo tem o formato de estudo quantitativo, correlacionando tipos de ações sociais desenvolvidas e regiões metodológicas com denominações, agência sociopolítica, parceiros, tamanho, abrangência e década da fundação das casas pesquisadas.

"Intolerância religiosa": discriminação e cerceamento do exercício da liberdade religiosa analisa as manifestações de intolerância religiosa presentes no questionário. Essa análise tematiza as ações, alvos, pessoas e instituições mencionadas sob as rubricas "intolerância religiosa" e discriminação. Procurou confeccionar um quadro dos conflitos relatados, com uma localização espacial e uma classificação de espaços, locais e instituições mais ou menos "fechadas" e/ou "abertas" ao exercício ou ao cerceamento do direito à liberdade religiosa. A partir desses dados analisados, a equipe do Nima produziu mapas da discriminação religiosa,[7] identificando em quais espaços e locais se verificam as diferentes modalidades de ações discriminatórias contra as religiões de matrizes africanas. O capítulo inclui uma breve análise antropológica dos dados no que concerne tanto à situação legal da casa, ao número de frequentadores e de adeptos, quanto às eventuais correlações entre liderança masculina e feminina e outras características das casas, tais como a denominação religiosa, o número de seus adeptos e o de frequentadores. A intenção foi a de correlacionar essas características com a frequência de ações discriminatórias de que, conforme informam os relatos, as casas foram alvo. Esse capítulo conta com a participação de três bolsistas PIBIC, sob a orientação da autora, que colaboraram com a classificação e análise dos dados.

---

[7] O mapa geral do mapeamento, bem como os mapas sobre discriminação religiosa e sobre o trabalho social realizado pelos terreiros, estão disponíveis em: http://www.nima.puc-rio.br/index.php/pt/projetos-do-nima/mapeamento-crma-rj

REFERÊNCIAS

MUNANGA, Kabengele. Ação Afirmativa em benefício da população negra. In: *Universidade e Sociedade. Revista do Sindicato ANDES Nacional*, n. 29, mar./2003.

ORO, Ari Pedro. Neopentecostais e afro-brasileiros: quem vencerá esta guerra? *Debates do NER*, Porto Alegre, ano 1, n. 1, p. 10-36, nov./1997. <http://www.seer.ufrgs.br/index.php/debatesdoner/article/viewFile/2686/1502>. Acesso em 22/07/2008.

PIERUCCI, Antônio Flávio e PRANDI, Reginaldo. *A realidade social das religiões no Brasil.* São Paulo: Hucitec, 1996.

SALGANIK, M. J. e HECKATHORN, D.D. Sampling and Estimation in Hidden Populations Using Respondent-Driven Sampling. *Sociological Methodology,* 34 (1), 2004, p. 193-239.

SILVA, Vagner Gonçalves da (Org.). *Intolerância religiosa. Impactos do neopentecostalismo no campo religioso brasileiro.* São Paulo: Edusp, 2007.

SOARES, Luiz Eduardo. A guerra dos pentecostais contra o afro-brasileiro: dimensões democráticas do conflito religioso no Brasil. In: *Comunicações do ISER*, n. 44, 1993, p. 43-50.

O território e a territorialidade

Rogério Haesbaert

Diante da crise de paradigmas que marca esses tempos "pós" (pós-modernos, pós-estruturalistas...), às vezes agarramo-nos, com tamanho zelo, a um conceito que parece, por si só, responder a todos os nossos imbróglios teórico-metodológicos. Esquece-se, primeiro, que antes da escolha conceitual está a problemática que nos levou à investigação e que, junto com o conceito, encontra-se a base teórica, filosófica, e todo o conjunto ou a constelação dos demais conceitos que a fundamentam. Assim, vejamos o que acontece com o território – em que problemáticas está (ou pode ser) envolvido, e quais as diferentes abordagens filosóficas que o sustentam.

"Território" nasce de preocupações políticas, ligadas à questão do poder. No antigo império romano determinados espaços sob alguma jurisdição político-administrativa recebiam a denominação de *territorium*. Sua raiz etimológica pode ter tanto a ver com o termo latino *terra*, base físico-material do poder, quanto com *terrere*, "amedrontar" (de onde vem a palavra "terror") – um conhecido instrumento de exercício do poder. Como a primeira grande tradição do pensamento sobre o território une este e Estado, e todo Estado é também instituído pela violência (e se define, entre outras propriedades, pelo monopólio da violência legítima), podemos deduzir que território, domínio da terra e exercício da violência estão intimamente ligados.

Mas essa problemática configura, apenas, a primeira grande proposição que deu origem à primeira abordagem teórico-conceitual sobre o território, desdobrada a partir do século XIX com bases materialistas (parcela de "terra" dominada pelo Estado) e até mesmo biologicistas (como na concepção de território como "espaço vital" a uma sociedade ou "civilização" organizada sob a forma estatal), derivadas de uma determinada leitura do geógrafo alemão Friedrich Ratzel. Nessa posição, o Estado é o grande sujeito do território, localizado historicamente ao longo do processo de sustentação do Estado-nação territorial moderno.

Esse duo Estado-território dominou praticamente toda a primeira metade do século XX e, ainda hoje, permeia o discurso de muitos cientistas políticos (especialmente na área de Relações Internacionais). O território extrapola as fronteiras do Estado, no máximo, para incorporar outras unidades político-administrativas, em outras escalas, mas todas inseridas dentro da mesma lógica territorial das formações estatais. Até mesmo um autor altamente inovador no debate sobre o poder, como Michel Foucault, ainda restringia o uso do termo território ao espaço de jurisdição e controle do Estado (Foucault, 2008).

Concomitantemente a essa posição *estatocêntrica* de território, com raízes na Biologia (e na Etologia, sua área específica que estuda o comportamento dos animais), desenvolveu-se também, ao longo do século passado, outra abordagem materialista, de base comportamental. Ela vê o território – e a territorialidade, enquanto caráter ou condição de uma entidade territorial – de forma bastante genérica, como inerente à natureza, não somente humana, mas também animal, como se o homem buscasse sempre, ontologicamente, a defesa de um território, a exemplo do mesmo processo defendido por outras espécies animais.[8] Trata-se de um argumento bastante eficaz para leituras políticas conservadoras que veem o domínio territorial – e, especialmente, a propriedade privada – como um dado, intrínseco à condição humana, destituído de contextualização geográfica e de historicidade. Foi nesse contexto que surgiu, nos anos 1960, o polêmico trabalho *neodarwinista* de Ardrey (1969 [1967]), "O imperativo territorial".[9]

---

[8] Através de pesquisa mais detalhada a esse respeito (Haesbaert, 2004, especialmente item 2.2.1) mostramos como a territorialidade animal é múltipla e, se fosse possível uma analogia com a territorialidade humana, ela deveria ser feita justamente pela diversidade de comportamentos, tanto no espaço, quanto no tempo, e não pela exclusividade e pelas delimitações rígidas.

[9] Nesse trabalho o autor define território como "uma área do espaço, seja de água, de terra ou de ar, que um animal ou grupo de animais defende como uma reserva exclusiva. A palavra é também utilizada para descrever a compulsão interior em seres animados de possuir e defender tal espaço" (p. 15).

Posturas mais críticas, como a materialista histórica e dialética, desdobrada na Geografia sobretudo a partir dos anos 1970, acabaram dando outra configuração ao território. Ainda que o foco central continuasse na questão das relações de poder, a dimensão econômico-funcional acabou, muitas vezes, sendo privilegiada. Como território está intimamente ligado a poder, é fundamental que, ao defini-lo, esclareçamos a que concepção de poder estamos nos referindo. O marxismo não só expandiu a noção de território para além da figura do Estado (ver, por exemplo, as amplas proposições de Milton Santos, que muitas vezes trata espaço e território como sinônimos), como redefiniu o poder do próprio Estado. Este, principalmente a partir da contribuição de Gramsci, estendeu-se para muito além do estrito poder político enquanto representação de interesses de uma classe socioeconômica (em grande parte, portanto, na defesa do poder econômico dominante), incorporando também a produção do poder ideológico, amálgama simbólico indispensável na construção da unidade estatal nacional.

O papel que marxistas mais abertos legaram ao debate sobre o poder, como Gramsci (em sua discussão sobre o papel do consenso na construção da hegemonia e do bloco histórico), e outros intelectuais críticos, como Pierre Bourdieu (e seu "poder simbólico"), acabou gerando uma releitura do território à luz de sua perspectiva cultural ou simbólica. Max Weber, por outro lado, também teve sua influência, notadamente no trabalho, hoje clássico, de Robert Sack (1986), que vê a territorialidade humana imersa nas mais distintas escalas espaciais, a partir das estratégias de controle da acessibilidade. Some-se ainda a contribuição de correntes distintas, não materialistas, que passaram a discutir a dimensão antropológica da territorialidade. Neste caso, na geografia, podemos destacar a abordagem de Joël Bonnemaison (2002), para quem, inspirado na vivência territorial dos habitantes de ilhas da Polinésia, antes de um domínio, de um "ter", o território é considerado um valor, fazendo parte do "ser" dos grupos sociais.[10]

Leituras de matiz pós-estruturalista, por fim, complexificaram ainda mais as possibilidades de abordar a questão do poder e, com ele, do território. Gilles Deleuze, Felix Guattari e Michel Foucault certamente são figuras-chave nesse deba-

---

[10] "Pertencemos a um território, não o possuímos, guardamo-lo, habitamo-lo, impregnamo-nos dele. Além disto, os viventes não são os únicos a ocupar o território, a presença dos mortos marca-o mais do que nunca com o signo do sagrado. Enfim, o território não diz respeito apenas à função ou ao ter, mas ao ser. Esquecer este princípio espiritual e não material é sujeitar-se a não compreender a violência trágica de muitas lutas e conflitos que afetam o mundo de hoje: perder seu território é desaparecer" (Bonnemaison e Cambrèzy, 1996: 13-14).

te. Deleuze e Guattari, especialmente em sua obra *Mil platôs* (Deleuze e Guattari, 1995-1997), ampliam de tal forma a concepção de território a partir dos processos de des-reterritorialização que a própria Filosofia passa a se territorializar e desterritorializar. O território, além de domínio e controle, manifesta "expressividade", que vai muito além de sua dimensão material. Foucault, embora raramente utilize o termo (e, quando o utiliza, como já ressaltamos, ainda é para se referir ao poder soberano, estatal), permite uma ampliação fecunda do conceito, ao enfatizar a microfísica do poder e aquilo que podemos denominar seus microterritórios (como os da prisão, do quartel, da fábrica, da igreja, do hospital ou da escola).

Alguns autores ampliam de tal forma o conceito de território que ele se torna sinônimo de espaço, abrangendo todas as dimensões da vida social (do natural ao econômico e cultural), ou então o utilizam como metáfora, onde tudo é passível de se territorializar e/ou desterritorializar. Assim, devemos atentar para essa ampliação abusiva do conceito e o consequente risco com a falta de rigor teórico, preocupação central em qualquer trabalho intelectual. Além disso, outra preocupação permanente deve ser a da vinculação ao real-concreto, rompendo com um tratamento que muitas vezes parece desconectar a realidade teórico-conceitual da realidade vivida ou, em outras palavras, as próprias "categorias de análise" das "categorias da prática" – o uso feito dos mesmos termos nas práticas cotidianas e no senso comum.

Em relação ao território, ele pode dizer respeito à territorialidade animal ou à humana, ao poder estatal ou a uma grande empresa, ou ainda ao contrapoder dos movimentos de resistência. No bojo da chamada virada espacial nas ciências sociais, ocorrida nas últimas décadas e diante das diversas conotações territoriais das políticas oficiais, podemos dizer que vivemos uma verdadeira panaceia do território, tanto na teoria acadêmica, quanto na prática política. Todo cuidado é pouco, portanto, na utilização do conceito.

No nosso ponto de vista, a fim de alcançar o mínimo de rigor teórico requerido, devemos levar em conta, pelo menos, as seguintes considerações:

a) O território é, antes de tudo, uma construção espacial relacional e, portanto, social, humana, diferenciando-se assim profundamente de uma territorialidade essencialista, natural, biológica, animal, especialmente por se fundamentar na problemática das relações de poder socialmente produzidas.

b) Embora não tenha a mesma amplitude de "espaço", coetaneidade de objetos, ações e símbolos inerentes à condição humana, o território envolve a dinâmica espaço-poder (ou o espaço em sua dimensão política, *lato sensu*), ao longo de toda a história social, respeitadas as suas especificidades culturais e geográficas, isto é, cada contextualização espaço-temporal.

c) O território, portanto, envolve relações socioespaciais enquanto relações de poder produzidas nas dinâmicas de apropriação e/ou dominação do espaço pela sociedade, poder, tanto na sua perspectiva macropolítica mais tradicional, ligada ao aparelho de Estado, quanto micropolítica (como nos espaços disciplinares de Foucault) e simbólica (como nos blocos hegemônicos propostos por Gramsci).

d) Finalmente, o território deve ser visto muito mais através do movimento de destruição e reconstrução territorial (des-re-territorialização) do que enquanto entidade estável, o que equivale a afirmar que ele é construído, tanto pela fixação de fronteiras, quanto pela mobilização, conexão e controle de redes.

Tudo isso não nos impede, pelo contrário, *implica* problematizar, explicitamente, essas relações conceituais, com base numa realidade de múltiplas e complexas dimensões. Assim, começando pelas relações território-natureza, devemos lembrar que, ao transformarmos a natureza, materialmente, pelo nosso trabalho e, de forma concomitante, ao nos apropriarmos dela, simbolicamente, estamos realizando um elo indissociável que não nos permite advogar simplesmente um "território socialmente construído" – pelo simples fato de que toda construção social é, em alguma medida, também, uma apropriação da natureza.

Não há como falar em processos de territorialização, efetivos, sem algum tipo de domínio ou apropriação sobre a natureza. Em primeiro lugar, porque essa natureza é constituinte inseparável de qualquer formação territorial, a começar por nosso próprio corpo, enquanto dimensão biológico-natural, indissociável de nossa consciência, e que alguns autores consideram até mesmo como nosso *primeiro* território – a ser cuidado, protegido e/ou controlado. É claro que alguns processos de territorialização (e sujeitos aí inseridos) envolvem uma relação muito mais íntima com essa dimensão natural do espaço do que outros.

Existem alguns territórios, definidos a partir de questões ambientais, que podem até mesmo, numa posição extrema, ser definidos funcionalmente a partir de uma concepção "naturalizante" do mundo. É o caso dos territórios-reserva, cujo traçado envolve o pretenso objetivo de preservar parcelas intocadas do "espaço natural", como se a natureza pudesse ser completamente dissociada da ação e da apropriação humanas.[11]

Grupos mais tradicionais, como muitos povos indígenas, vivem em tamanha simbiose com o que chamamos de mundo natural que, ao serem dele dissociados, praticamente perdem sua própria razão de existir enquanto grupo cultural. Para os ritos afro-brasileiros, muitos locais, muitas vezes impregnados de referências a elementos naturais, estão de tal forma impregnados de simbolismo religioso, que sua destruição é considerada uma perda de referenciais territoriais básicos na construção da própria identidade do grupo (vide, por exemplo, movimentos de resistência à construção de um *shopping* na área de um antigo terreiro em Salvador, algum tempo atrás).

É fundamental, assim, reconhecer a especificidade histórico-geográfica (portanto, cultural) com que cada grupo ou classe social produz materialmente seus territórios e/ou constrói simbolicamente sua territorialidade. Enquanto alguns grupos dependem substancialmente dessa apropriação da natureza para sobreviver e mesmo para manter sua identidade, outros, numa relação muito mais funcional, transitam por uma gama muito ampla de territórios em áreas estrategicamente distribuídas por diversas partes do planeta, construindo assim um imenso território-rede globalizado.

Numa mobilidade quase permanente entre as mais distintas regiões do globo, esses *globetrotters* parecem desterritorializar-se e perdem suas fixações territoriais. Na verdade, transitam sempre pelas mesmas "bolhas" e "dutos" que compõem espaços assépticos e relativamente homogêneos que, no conjunto, compõem sua multiterritorialidade funcional ou seus múltiplos territórios-rede (Haesbaert, 2004). Outra falácia, portanto, nos debates sobre território, é aquela que associa território a fixação, por oposição à fluidez, que seria prerrogativa das redes. Embora possamos hoje considerá-lo um debate ultrapassado, não raro estudiosos retomam, ainda que implicitamente, essa dicotomia, que lembra claramente aquela, mais ampla, entre espaço como esfera da fixação e conservação, e tempo como esfera da mobilidade e da transformação.

Mesmo povos tradicionais, nômades, como os indígenas *Guarani-Mbyá*, em sua constante busca da "terra sem males", não podem ser considerados des-

---

[11] Trata-se daquilo que Diegues (1996) denominou "o mito da natureza intocada". Propomos associar esses espaços a processos de "exclusão territorial" – tanto neste sentido de serem territórios excluídos de todo usufruto social, com a interdição a qualquer forma de atividade humana, quanto pelo seu oposto (mas que ajuda a explicá-los), a exclusão como fruto do uso indiscriminado, criando áreas excessivamente degradadas que acabam, às vezes por um período demasiadamente prolongado, inviabilizando qualquer utilização pelo homem.

territorializados. Eles constroem claramente, também, territórios-rede, mas neste caso impregnados dos símbolos de sua cultura, marcados simbolicamente por esse espaço de referência identitária que é a "terra sem males". Aqui podemos distinguir territorialidade e território. Enquanto este pressupõe, pelo menos numa perspectiva geográfica, a sua realização material, a territorialidade não obrigatoriamente necessita sua efetivação em termos de uma realidade material. No caso da diáspora judaica, além de ter origem numa migração compulsória, sua territorialidade, na alusão à Terra Prometida, tinha um endereço claro, historicamente marcado, a Palestina, e que, para sua reconfiguração territorial, demandou a desterritorialização de outros povos que ali também tinham realizado seu processo de apropriação.

Pensar multi ou transterritorialmente não é fácil. Trata-se de uma dinâmica que, de certa forma, se contrapõe ao exclusivismo individualista da territorialização que dominou (e ainda domina) o mundo moderno, Estado-nação à frente. Transitar por múltiplos territórios, obviamente, não é algo bom ou mau em si mesmo, dependendo de todo o contexto geo-histórico e cultural (e dos sujeitos sociais) aí envolvidos. No caso de grandes executivos de empresas transnacionais, sua multiterritorialidade (funcional) pode não passar de um trânsito constante por territorialidades culturalmente homogêneas, onde transitam sempre os mesmos grupos, dentro do mesmo modelo cultural e de consumo. Tire-os desse circuito e eles se sentirão perdidos, sem nenhuma margem de manobra para transitar em território alheio.

Ainda assim, podemos afirmar que essa mobilidade e essa vivência transfronteiriça (porque todo território implica um tipo de fronteira) carrega sempre, potencialmente, a disposição para um maior encontro e, consequentemente, diálogo e imbricação com os territórios do Outro. Mesmo estratégias aparentemente no velho estilo territorialista de territórios-zona como áreas de superfícies bem demarcadas, como os atuais territórios indígenas e quilombolas, podem fugir ao exclusivismo das demarcações rígidas e, depois de delimitados, abrir-separar um convívio muito mais plural com outros grupos e culturas.[12] Na verdade, se formos mais rigorosos, podemos afirmar que os grupos subalternos dominam muito bem as estratégias de "viver no limite" – é bem conhecida sua capacidade de transitar entre fronteiras (as dos territórios legais e ilegais, por exemplo).

---

[12] Mesmo no caso dos quilombos da época da escravidão, várias pesquisas já mostraram que não se tratava de territórios isolados, mas que mantinham, por uma série de intermediações, inúmeros contatos com outros espaços e com a sociedade formalmente instituída.

A verdade é que não existe uma resposta padrão para nossas estratégias territoriais – sobretudo em termos de resistência. Ora pode ser mais útil ao subalterno fechar-se territorialmente para realizar determinadas conquistas (no pouco que lhe restou, como é o caso da maior parte das terras indígenas), ora é fundamental que se articule em amplos territórios-rede imbricando múltiplas escalas e grupos sociais. Muitas vezes o domínio de um tipo de territorialização (territórios-zona ou territórios-rede, por exemplo) é uma mera questão de momento – a estratégia mudando conforme a dinâmica temporal que está em curso.

O que fica claro é que toda relação social e toda luta de resistência e/ou reconhecimento – contra a exploração e a segregação, principalmente no que se refere aos grupos subalternos – têm hoje nos processos de des-territorialização um elemento fundamental para a construção do movimento e consolidação de seus propósitos. Ignorar o território que dá vida a essas mobilizações é negar-se à evidência de que nossa existência é feita e refeita constantemente pelas diversas formas com que dominamos o espaço e o dotamos de significado. O poder que conquistamos também é produto da nossa relação com o espaço, ou seja, das múltiplas formas de desterritorialização em que nos engajamos. Conhecer essas estratégias territoriais torna-se, portanto, imprescindível.

REFERÊNCIAS

ARDREY, R. *The territorial imperative: a personal inquiry into the animal origins of property and nations*. Londres/Glasgow: Collins, 1969 [1967].

BONNEMAISON, J. Viagem em torno do território. In: CORRÊA, R. L. e ROSENDHAL, Z. (Orgs.) *Geografia cultural: um século* (3). Rio de Janeiro: Editora da UERJ, 2002.

_____. e CAMBRÈZY, L. Le lien territorial: entre frontières et identités. *Géographies et Cultures* (*Le Territoire*), n. 20. Paris: L'Harmattan, 1996.

DELEUZE, G. e GUATTARI, F. *Mil platôs: capitalismo e esquizofrenia*. Rio de Janeiro: Editora 34, 1995-1997.

DIEGUES, M. *O mito da natureza intocada*. São Paulo: Hucitec, 1996.

FOUCAULT, M. *Segurança, território, população*. São Paulo: Martins Fontes, 2008.

HAESBAERT. R. *O mito da desterritorialização: do "fim dos territórios" à multiterritorialidade*. Rio de Janeiro: Bertrand Brasil, 2004.

SACK, R. *Human territoriality*. Cambridge: Cambridge University Press, 1986.

Denominações e regiões

Denise Pini Rosalem da Fonseca e Sônia Maria Giacomini

Devido à diversidade e à complexidade que caracterizam o universo das religiões de matrizes africanas no Rio de Janeiro, a questão da classificação das categorias em segmentos mais amplos esteve colocada desde o início da pesquisa, mas sobretudo na fase final de análise dos dados, quando foi objeto de deliberação no *Conselho Griot*.

Tratava-se, de um lado, da necessidade de agrupar, através de alguns critérios, o grande número de denominações das casas que foram informadas através de questão aberta no questionário (ver Anexos). O objetivo perseguido era o de permitir a análise dos dados obtidos, assim como de orientar a construção dos mapas, isto é, de adotar classificações de categorias que fossem operacionais e de fácil visibilidade e reconhecimento nos mapas temáticos. De outro lado, simultaneamente, era também importante a preocupação de que essas categorias não fornecessem a impressão equivocada de designarem um campo homogêneo, o que, certamente, deturparia a própria riqueza e a integridade de cada uma das diversas denominações que se reconhecem sob o rótulo amplo e diverso de "religiões de matrizes africanas".

A criação dessas categorias foi um recurso metodológico utilizado a fim de respeitar a identidade religiosa autodeclarada pelos respondentes – na fase de coleta de dados da pesquisa. Desse modo, buscou-se expressar a realidade das diversas casas que se identificaram com mais de uma pertença.

DENOMINAÇÕES

Levando em conta essa característica peculiar do campo estudado, que extrapola o universo específico das religiões de matrizes africanas, e cuja natureza inclusiva e múltipla tem sido amplamente reconhecida por praticamente todos os estudiosos das religiões no Brasil e, além disso, seguindo de comum acordo as diretivas do *Conselho Griot* da pesquisa reunido em maio de 2012, esta pesquisa define cinco categorias que agrupam todas as diferentes denominações mencionadas, e que serão explicitadas a seguir e na Tabela I (Denominações: valores e descritores):

1. *Candomblé*: inclui as casas que se definem exclusivamente como sendo de Candomblé, mas também todas as casas que se designaram como de Candomblé com mistura com qualquer outra denominação;
2. *Umbanda*: inclui as casas autodesignadas como de Umbanda, bem como todas as casas que se definiram como de Umbanda e misturadas com qualquer outra denominação;
3. *Outras pertenças*: abrange todas as denominações que não se declararam nem pertencentes ao Candomblé, nem à Umbanda;
4. *Híbridos de Candomblé e Umbanda*: inclui exclusivamente casas que se autodesignaram conjuntamente como de Candomblé e de Umbanda. É importante ressaltar que esses casos também foram incluídos, respectivamente, nas categorias separadas Candomblé e Umbanda para efeito de cálculos; e
5. *Híbridos com outras pertenças*: incluem misturas de Candomblé com outras pertenças e de Umbanda com outras pertenças. Esses casos também foram incluídos, simultaneamente, nas categorias separadas de Candomblé e de Umbanda. Dessa forma, levamos em conta a recorrência com que nesse universo aparecem as declarações de múltiplas pertenças, evitando assim um esvaziamento equivocado dessas categorias.

Tabela I – Denominações
(valores e descritores)

Valores	Descritores
CB Candomblé	1. Ala Ketu 2. Alaketu (Axé Engenho Velho) 3. Alaketu (Axé Gantois) 4. Alaketu (Axé Oxumarê) 5. Angola 6. Angola (Congo) 7. Angola (Tumba Jussara) 8. Angola (Axé Beiru) 9. Angola (Axé dos Gravatás) 10. Angola (Bate Folha) 11. Angola (Congo) 12. Angola (Lumbando) 13. Angola (Massagangue de Kariole) 14. Angola (Mujola) 15. Angola (Muxicongo) 16. Angola / Ketu 17. Efon 18. Efon (Axé Oloke Ti) 19. Efon / Ketu 20. Fon 21. Jeje 22. Jeje (Bogum) 23. Jeje (Mahin – Huntôloji) 24. Jeje (Mahin Axe Padaguá) 25. Jeje (Mahin) 26. Jeje (Mahin) / Nagô Vodun 27. Jeje (Nagô Vodun) 28. Jeje (Nagô) 29. Jeje (Nudo Bi) 30. Jeje (Savalu) 31. Ketu 32. Ketu (Axé Gantois) 33. Ketu (Axé Bangbose) 34. Ketu (Axé Engenho Velho) 35. Ketu (Axé Opò Afonjá) 36. Ketu (Axé Oxumarê) 37. Ketu (Obara Orum Ti Já) 38. Ketu / Angola 39. Ketu / Efon 40. Ketu / Nagô 41. Nagô 42. Nagô Vodum 43. Angola / Umbanda 44. Angola / Umbanda / Ketu 45. Candomblé / Umbanda

CB Candomblé	46. 47. 48. 49. 50. 51. 52. 53. 54. 55. 56.	Efon / Umbanda Jeje / Umbanda Ketu / Umbanda Sessão doutrinária de Candomblé – Nago Vodun / Sessão doutrinária de Umbanda / Tenda Espírita Caboclo da Oca de Cobra Coral Umbanda / Alaketu Umbanda / Angola Umbanda / Angola (Cassange) Umbanda / Angola / Ketu Umbanda / Efon Umbanda / Jeje Umbanda / Ketu
UB Umbanda	1. 2. 3. 4. 5. 6. 7. 8. 9. 10. 11. 12. 13. 14. 15. 16. 17. 18. 19. 20. 21. 22.	Umbanda Umbanda (Pé Descalço) Umbanda (Astral) Umbanda (Branca) Umbanda (Esotérica) Umbanda (Omoloko) Umbanda (Pura) Umbanda (Traçada) Angola / Umbanda Angola / Umbanda / Ketu Candomblé / Umbanda Efon / Umbanda Jeje / Umbanda Ketu / Umbanda Sessão doutrinária de Candomblé – Nago Vodun / Sessão doutrinária de Umbanda / Tenda Espírita Caboclo da Oca de Cobra Coral Umbanda / Alaketu Umbanda / Angola Umbanda / Angola (Cassange) Umbanda / Angola / Ketu Umbanda / Efon Umbanda / Jeje Umbanda / Ketu
OP Outras Pertenças	1. 2. 3. 4. 5. 6. 7. 8. 9. 10. 11. 12. 13. 14.	Ciganos Ifá Ifá (Cubano) Ijexa Ijexá Nagô Oborisa Omoloko Onose Osossi Povo do Oriente Tradicional Religião Yorubá Xango (Airá) Yjexá Yoruba (Lukumi)

C&U Híbridos	1. Angola / Umbanda 2. Angola / Umbanda / Ketu 3. Candomblé / Umbanda 4. Efon / Umbanda 5. Jeje / Umbanda 6. Ketu / Umbanda 7. Sessão doutrinária de Candomblé – Nago Vodun / Sessão doutrinária de Umbanda / Tenda Espírita Caboclo da Oca de Cobra Coral 8. Umbanda / Alaketu 9. Umbanda / Angola 10. Umbanda / Angola (Cassange) 11. Umbanda / Angola / Ketu 12. Umbanda / Efon 13. Umbanda / Jeje 14. Umbanda / Ketu
HO Híbridos Outros	1. Congo / Angola 2. Jeje / Omoloko 3. Ketu / Cabocla é de Mina 4. Nagô / Jurema 5. Nagô Jurema do Rei Salomão 6. Omoloko / Ketu / Angola 7. Umbanda / Omoloko 8. Umbanda / Quimbanda

Fonte: Elaboração própria, a partir de dados da pesquisa que originou este livro (PUC-Rio/SEPPIR-PR, 2011).

Tabela II – Denominações
(frequências e porcentagens)

Valores	Frequências f	Porcentagens %
Candomblé	625	73.8
Umbanda	125	14.8
Outras pertenças	35	4.1
Híbridos C&U	35	4.1
Híbridos com outras pertenças	20	2.4
S/I - Sem informação	7	0.8
Total	847	100

Fonte: Elaboração própria, a partir de dados da pesquisa que originou este livro (PUC-Rio/SEPPIR-PR, 2011).

REGIÕES

A construção da variável "regiões" teve como principal objetivo propiciar uma leitura geográfica da presença do axé no Rio de Janeiro, distribuída pelos 30 municípios acessados pela pesquisa,[13] com foco nas suas práticas sociais solidárias.

---

[13] Merece nota que, embora tenhamos realizado a pesquisa em apenas 30 dos 92 municípios do estado do Rio de Janeiro, estes abrigavam mais de 86% da população total do estado durante o período em estudo (IBGE, 2010).

O que se desejava era conhecer a possibilidade de falarmos em "processos de territorialização" do axé no Rio de Janeiro e a construção de "territórios-rede" e – caso isso fosse possível – apontá-los e descrevê-los, em função de um novo conhecimento sobre as suas práticas sociopolíticas e mecanismos de funcionamento das suas redes sociais de solidariedade.

A partir daí, para efeito de análise, optamos por aglutinar as 847 casas pesquisadas em nove regiões. Cabe esclarecer que estas regiões, apresentadas na Tabela II mais adiante, são nada mais do que "recortes espaciais estabelecidos para fins metodológicos e operacionais", segundo Haesbaert. Elas foram por nós arbitrariamente definidas a partir das próprias falas dos membros do *Conselho Griot* que, sistematicamente, expressam percepções regionalizadas sobre as práticas das casas de axé, na maioria dos casos, nos termos que adotamos para nomeá-las.

Cabe salientar, no entanto, que o conceito com o qual desejamos contribuir neste trabalho é o de "territórios-rede", ao oferecer certo conhecimento empírico sobre os "processos de territorialização" aqui focalizados. A "região" aparece neste estudo como uma ferramenta metodológica, a partir da qual esperamos observar estes processos, para descrevê-los. Posto que estamos tratando de relações de poder plasmadas no espaço:

> (...) consideramos fundamental a preocupação com as implicações políticas de nossos conceitos, numa práxis capaz de refletir constantemente sobre os conceitos a partir das problemáticas efetivas a que eles respondem e também do próprio uso que deles fazemos – ou que deles podemos fazer (Haesbaert, 2009: 2).

As quatro primeiras regiões da pesquisa são um desdobramento do município do Rio de Janeiro, que correspondem às suas Regiões Administrativas: Centro, Zona Oeste, Zona Sul e Zona Norte. No município foram identificadas as presenças de casas de axé em 98 dos seus bairros.

As cinco outras regiões da pesquisa correspondem a aglutinações de municípios, sem a preocupação de circunscrever estes agregados municipais às suas respectivas regiões oficiais do estado do Rio de Janeiro. É importante esclarecer que este conjunto de critérios operacionais buscou refletir o espraiamento espacial das redes sociais pesquisadas que, não necessariamente, obedece à atual lógica de gestão política dos territórios do Estado.

Se é que poderemos falar de "processos de territorialização" do axé estes, não necessariamente, obedecerão aos atuais limites territoriais oficiais. Vale lembrar que, embora os limites oficiais também sejam históricos, eles podem não refletir as histórias que esta pesquisa deseja dar a conhecer e, provavelmente, não o façam. Neste sentido, o que perseguimos é:

> a ideia de um *continuum* de articulação territorial desde os territórios – ou, para sermos mais precisos, os processos de territorialização – com maior carga funcional (...) até aqueles com maior carga simbólica, sem perder nosso foco nas relações de poder. Considerando os dois extremos (...), diríamos que não é possível conceber territórios puramente funcionais (...), nem territórios puramente simbólicos (neste caso, alguma referência a um espaço material, por alguns denominado espaço – ou território – "de referência identitária", deverá estar presente) (Haesbaert, 2009: 11).

Neste esforço de construção da variável, estabelecemos como centro de referência geográfica o município do Rio de Janeiro – onde a pesquisa começou – e a partir daí avançamos, de forma radial, em três direções cardinais.

Ao Norte destacamos o que chamamos de Região Serrana e da Baixada Fluminense. Nesta última região, aglutinamos seis municípios contíguos da Região Metropolitana que compartilham historicidades e inserções socioeconômicas na malha urbana do Grande Rio (Nova Iguaçu, Nilópolis, Duque de Caxias, São João de Meriti, Mesquita e Belford Roxo). Nestas duas regiões da pesquisa, tomadas em conjunto, foram identificadas presenças de casas de axé em oito municípios.

Na direção Sul aglutinamos os municípios localizados ao sul da capital do estado e da sua Região Metropolitana. Cabe lembrar que estas regiões do estado do Rio de Janeiro têm suas histórias muito marcadas pela experiência da escravidão brasileira do século XIX, principalmente ligada à produção cafeeira ao longo do vale do Rio Paraíba do Sul (Stein, 1985), cujos legados culturais, predominantemente de origem *Banto*,[14] ali permanecem vivos até a atualidade. Nesta região da pesquisa foram registradas presenças de casas de axé em 15 municípios.

Finalmente, a Leste, destacamos duas aglutinações de municípios que chamamos de regiões da Baixada Litorânea e do Leste e Norte da Baía de Guanabara. Neste último aglutinamos os municípios da Região Metropolitana que não foram

---

[14] "Banto denomina-se um povo ao qual pertenceram os primeiros africanos escravizados que vieram para o Brasil de países que hoje se chamam Angola, Congo, Zaire, Moçambique e outros. Foram os bantos os primeiros quilombolas a enfrentar em terras brasileiras o poder militar do branco escravizador" (Nascimento, 2002, s.n.).

incluídos na região denominada Baixada Fluminense. Cabe lembrar que nesta região estão incluídos os municípios de Niterói e São Gonçalo, considerados berços da Umbanda, que ali nasceu há pouco mais de um século. Nestes dois territórios, tomados em conjunto, foram registradas presenças de casas de axé em 14 municípios.

As estatísticas descritivas gerais são encontradas na Tabela III para cada uma dessas regiões e podemos resumi-las como se segue:

1. *Centro do município do Rio de Janeiro (CERJ)*. Nesta região encontram-se registradas nove casas de axé em sete bairros, que correspondem a pouco mais do que 1% das casas pesquisadas.
2. *Zona Oeste do município do Rio de Janeiro (ZORJ)*. Nesta região, que compreende 31 bairros do Rio de Janeiro e possui uma importância destacada para a pesquisa, foram registradas 196 casas de axé, o que corresponde a pouco mais do que 23% do conjunto das casas pesquisadas.
3. *Zona Sul do município do Rio de Janeiro (ZSRJ)*. Aqui foram registradas quatro casas de axé, correspondentes a parcos 0,5% das casas pesquisadas, localizadas em quatro bairros da Zona Sul.
4. *Zona Norte do município do Rio de Janeiro (ZNRJ)*. Região de grande importância para a pesquisa, na Zona Norte foram registradas 183 casas de axé, correspondentes a pouco mais do que 21% do conjunto das casas pesquisadas, distribuídas em 56 bairros da Zona Norte.
5. *Leste e Norte da Baía de Guanabara (LNBG)*. Encontram-se identificadas 91 casas de axé nesta região, correspondendo a pouco mais do que 10% do conjunto das casas pesquisadas, distribuídas em seis municípios.
6. *Baixada Fluminense (BFLU)*. Nos seis municípios desta região, que é central para esta pesquisa, foram registradas 274 casas de axé, o que corresponde a pouco menos de 35% do conjunto das casas pesquisadas.
7. *Região Serrana (RSER)*. Nesta região registraram-se apenas duas casas de axé em dois municípios distintos, o que responde por apenas 0,2% do conjunto das casas pesquisadas.
8. *Baixada Litorânea (BLIT)*. Nos oito municípios que compõem esta região, foram identificadas 43 casas de axé, que correspondem a pouco mais do que 5% do conjunto das casas pesquisadas.
9. *Sul Fluminense e Sul da Região Metropolitana (SFRM)*. Nos 15 municípios que compõem esta região foram registradas 42 casas de axé, o que corresponde a exatos 5% do conjunto das casas pesquisadas.

Tabela III – Regiões
(valores e descritores)

Valores	Descritores
CERJ Centro do município do Rio de Janeiro	1. Catumbi 2. Cidade Nova 3. Estácio 4. Praça da Bandeira 5. Rio Comprido 6. Santa Teresa 7. Santo Cristo
ZORJ Zona Oeste do município do Rio de Janeiro	1. Adriana 2. Anil 3. Bangu (Jardim Bangu, Bangu 3, Jardim Violeta, Vila Aliança, Vila Kennedy) 4. Cantão do Viegas 5. Camorim 6. Campo Grande (Carobinha, Bairro São Jorge) 7. Cesarão 8. Cidade de Deus 9. Curicica 10. Gardênia Azul 11. Guaratiba (Pedra de Guaratiba, Ilha de Guaratiba) 12. Inhoaíba 13. Jacarepaguá (Freguesia) 14. Jardim Maravilha 15. Jardim Paraíso 16. Jardim Sulacap (Sulacap) 17. Largo do Tanque 18. Magalhães Bastos 19. Paciência 20. Padre Miguel 21. Pechincha 22. Praça Seca 23. Realengo 24. Recreio dos Bandeirantes (Recreio) 25. Santa Cruz (Palmares, Vale dos Palmares) 26. Santíssimo 27. Senador Camará 28. Senador Vasconcelos 29. Sepetiba 30. Taquara 31. Vila Valqueire
ZSRJ Zona Sul do município do Rio de Janeiro	1. Botafogo 2. Glória 3. Leme 4. Rocinha

ZNRJ Zona Norte do município do Rio de Janeiro	1. Abolição 2. Acari 3. Água Santa 4. Anchieta (Parque Anchieta) 5. Andaraí 6. Bairro do Rocha 7. Bancários 8. Bento Ribeiro 9. Bonsucesso 10. Brás de Pina 11. Cachambi (Caxambi) 12. Campinho 13. Cascadura 14. Cavalcanti 15. Coelho Neto 16. Colégio 17. Cordovil 18. Cosmos (Nova Deli, Santa Margarida) 19. Encantado 20. Engenheiro Leal 21. Engenho de Dentro 22. Engenho Novo 23. Guadalupe 24. Higienópolis 25. Honório Gurgel 26. Ilha do Governador 27. Inhaúma 28. Irajá 29. Lins e Vasconcelos 30. Madureira 31. Marechal Hermes 32. Méier 33. Olaria 34. Oswaldo Cruz 35. Parada de Lucas 36. Pavuna 37. Penha Circular 38. Piedade 39. Pilares 40. Quintino 41. Ramos 42. Riachuelo 43. Ricardo de Albuquerque 44. Rocha Miranda 45. São Cristóvão 46. São Francisco Xavier 47. Todos os Santos 48. Tomás Coelho 49. Turiaçu 50. Vaz Lobo

ZNRJ Zona Norte do município do Rio de Janeiro	51. 52. 53. 54. 55. 56.	Vicente de Carvalho Vigário Geral Vila Cosmos Vila da Penha Vila Isabel Vista Alegre
LNBG Leste e Norte da Baía da Guanabara	1. 2. 3. 4. 5. 6.	Cachoeira de Macacu Guapimirim Itaboraí Niterói Magé (Piabetá, Praia de Mauá) São Gonçalo
BFLU Baixada Fluminense	1. 2. 3. 4. 5. 6.	Belford Roxo Duque de Caxias (Santa Cruz da Serra, Xerém) Nilópolis Nova Iguaçu (Coelho Neto) Mesquita São João de Meriti (Vilar dos Teles)
RSER Região Serrana	1. 2.	Petrópolis Teresópolis
BLIT Baixada Litorânea	1. 2. 3. 4. 5. 6. 7. 8.	Araruama Cabo Frio Iguaba Grande Macaé Maricá Nova Macaé São Pedro da Aldeia Saquarema (Bacaxá)
SFRM Sul Fluminense e Sul da Região Metropolitana	1. 2. 3. 4. 5. 6. 7. 8. 9. 10. 11. 12. 13. 14. 15.	Barra Mansa Itaguaí Itatiaia Japeri (Engenheiro Pedreira) Mambucaba Mangaratiba Mauá Mendes Paracambi Pinheiral Queimados Resende São José dos Campos Seropédica Volta Redonda
S/I	1.	Sem informação

Fonte: Elaboração própria, a partir de dados da pesquisa que originou este livro (PUC-Rio/SEPPIR-PR, 2011).

É importante ressaltar que as regiões da Zona Oeste e da Zona Norte do município do Rio de Janeiro, somadas à da Baixada Fluminense, respondem por quase 80% das casas pesquisadas (ver na Tabela IV). Dada esta concentração geográfica de casas de axé, é possível assumir como hipótese que estamos falando de um recorte do Grande Rio para o qual se pode supor a existência de um "processo de territorialização". Adicionalmente, se levarmos em consideração que essas três regiões sejam geograficamente contíguas e compartilhem perfis socioeconômicos, nossa hipótese começa a ganhar maior densidade; porém, para validá-la é necessário que outras congruências possam ser constatadas. É neste sentido que o capítulo seguinte se orienta.

Tabela IV – Regiões (frequências e porcentagens)

Valores	Frequências f	Porcentagens %
CERJ – Centro do Município do Rio de Janeiro	9	1,1
ZORJ – Zona Oeste do Município do Rio de Janeiro	196	23,1
ZSRJ – Zona Sul do Município do Rio de Janeiro	4	0,5
ZNRJ – Zona Norte do Município do Rio de Janeiro	183	21,6
Município do Rio de Janeiro	**392**	**46,3**
LNBG – Leste e Norte da Baía da Guanabara	91	10,7
BFLU – Baixada Fluminense	274	32,3
RSER – Região Serrana	2	0,2
BLIT – Baixada Litorânea	43	5,1
SFRM – Sul Fluminense e Sul da Baixada Fluminense	42	5,0
S/I – Sem informação	3	0,4
Total	**847**	**100**

Fonte: Elaboração própria, a partir de dados da pesquisa que originou este livro (PUC-Rio/SEPPIR-PR, 2011).

REFERÊNCIAS

HAESBAERT. R. Dilema de conceitos: espaço-território e contenção territorial. In: SAQUET, M. e SPOSITO, E. (Org.) *Territórios e territorialidades: teorias, processos e conflitos*. São Paulo: Expressão Popular, 2009.

INSTITUTO BRASILEIRO DE GEOGRAFIA E ESTATÍSTICA (IBGE). *Indicadores sociais municipais 2010: incidência de pobreza é maior nos municípios de porte médio, 2011*. Disponível em:

<http://www.ibge.gov.br/home/presidencia/noticias/noticia_visualiza.php?id_noticia=2019&id_pagina=1>. Acesso em 09/10/2012.

NASCIMENTO, Abdias do. *O quilombismo*. 2.ed. Brasília/Rio de Janeiro: Fundação Cultural Palmares/OR Editora, 2002.

Territórios-rede e trabalho social do axé

Denise Pini Rosalem da Fonseca

INTRODUÇÃO

Este capítulo tem por objetivo descrever e discutir o trabalho social desenvolvido pelas casas de religiões de matrizes africanas e seus processos de territorialização no Rio de Janeiro na atualidade, à luz dos achados da pesquisa. Em outras palavras, o que se deseja é contribuir com o conhecimento – e (re)conhecimento – das práticas políticas de fortalecimento do sujeito coletivo a que este estudo se refere – as redes religiosas de matrizes africanas – e sua consolidação como territórios-rede.

O conceito território-rede que manejamos neste estudo articula as noções de território, rede e ação – permeados por relações de poder – e está inspirado no trabalho de Rogério Haesbaert (2004: 294), para quem:

> (...) o território (...) não é apenas "coisa", conjunto de objetos, mas, sobretudo, ação, ritmo, movimento que se repete (p. 281) [e] (...) territorializar-se é sempre uma conjugação (diferenciada) entre função e símbolo, ação concreta e valorização simbólica.

No que se refere às redes, Haesbaert (2004: 294, 298) destaca:

> [seu] papel em processos (re)territorializadores, ou seja, na construção de territórios em seu sentido de controle ou domínio material e/ou apropriação simbólica (...) [ressalvando que] Vistas como componentes dos territórios, as redes podem estar a serviço tanto de processos sociais que estruturam, quanto de processos que desestruturam territórios. Mas a dinâmica do elemento rede tornou-se tão importante no mundo "pós-moderno" (...) que não parece equivocado afirmar que a própria rede pode tornar-se um território.

Quando as redes se tornam um território, estamos falando de territórios-rede: "os territórios-rede [são] configurados sobretudo na topologia ou lógica das redes (...), são espacialmente descontínuos, dinâmicos (com diversos graus de mobilidade) e mais suscetíveis a sobreposições" (Haesbaert, 2004: 306).

Finalmente, as ações que resultam em processos de territorialização, para o autor, implicam, necessariamente, rearranjos nas relações de poder, posto que:

> De alguma forma, territorializar-se, hoje, implica a ação de controlar fluxos, de estabelecer e comandar redes (...). Hoje as relações de poder mais relevantes envolvem o controle sobre fluxos de informações (...) mas não podemos ignorar que fluxos materiais como o fluxo de pessoas não só continuará tendo importância, como este será crescente, especialmente na medida em que continuar aumentando o nível de exclusão social (econômica, política e cultural), degradação ambiental e, especialmente, das disparidades entre áreas ricas e pobres do planeta (...) (Haesbaert, 2004: 301-302).

***

Cabe esclarecer, também, que a nomenclatura "trabalho social" está tomada em sentido amplo e como uma categoria nativa (no sentido antropológico) – estabelecida pelo *Conselho Griot* – por ser costumeiramente utilizada pelos membros deste segmento religioso para se referir às suas ações de diversas ordens (*e.g.* de acolhimento, de cuidado, de segurança, de saúde, culturais, educativas, ambientais etc.) que são empreendidas pelas casas de axé em benefício das suas redes sociais de solidariedade.

O conceito "rede social de solidariedade" com o qual operamos aqui se apoia na concepção de "rede social" como "sujeito político" – coletivo por natureza – construído a partir de pertenças identitárias específicas:

Em nosso trabalho de pesquisa buscamos conhecer as redes sociais de solidariedade que existem hoje nas comunidades pobres da cidade do Rio de Janeiro e suas novas formas de exercício da cidadania. (...) Desta experiência podemos identificar quatro formas de associações identitárias funcionando sistematicamente:

1. Redes familiares;
2. Redes religiosas;
3. Redes de vizinhança;
4. Redes de interesses compartilhados.

Cada uma dessas formas de associação identitária possui uma lógica própria de integração entre os seus membros, e um código de condutas que garante a sua fortaleza como sujeito coletivo, legitima a cada um dos seus membros e define os limites desta identidade, definindo também os seus não membros. Cada um desses sentidos de pertencimento responde por aspectos particulares da existência material, emocional e espiritual dos seus membros. O núcleo duro do poder que emana destas formas de identidades tem a ver com o sentido de pertencimento que elas oferecem, e se apresenta sob a forma de aceitação, solidariedade e lealdade. No interior de cada uma destas formas de existir na comunidade, a capacidade de resistir dos seus indivíduos será tanto maior, quanto mais estruturados estiverem os códigos éticos daquela rede, independentemente do valor dos seus conteúdos (Fonseca, 2005: 126).

Muitas destas "novas formas de exercício da cidadania", no que tange às práticas políticas próprias das redes religiosas de matrizes africanas, carecem ainda de conhecimento e reconhecimento – acadêmico e social. Nosso entendimento é o de que, neste contexto, as práticas políticas estão consubstanciadas naquilo que aqui denominamos "ações sociais".

Para a Sociologia:

Ações sociais são sempre partes de sistemas mais amplos e de processos de compreensão subjetiva, o que induz à questão do papel do agente ("mediação humana") nos processos através dos quais as ações são coordenadas (...). A questão, então, é saber se a ordem social pode ser concebida inteiramente sem a formação de vontade coletiva, e se as ações sociais podem ser separadas de uma noção de mediação produzida pelos próprios sujeitos, por meio de razões aceitáveis (Brunkhorst, 1996: 3-5).

É através da articulação entre ação e agência (no interior da qual se estabelece o papel do agente) que este estudo se propõe a discutir o trabalho social realizado pelas casas de axé pesquisadas no Rio de Janeiro, a partir da perspectiva dos próprios sujeitos da pesquisa, posto que:

> Só podemos (...) identificar um dado comportamento como uma *ação* específica se conseguirmos interpretá-lo, com a perspectiva de um participante, como a consequência de intenções e crenças racionalmente compreensíveis (...) a perspectiva do participante, e somente ela, revela uma relação lógico-semântica semelhante entre intenções e ações... (Brunkhorst, 1996: 3-5).

No que tange às ações sociais, importa uma breve palavra inicial sobre o feixe de conceitos que são mobilizados para o seu tratamento, não apenas no acervo de informações colhidas pela pesquisa – ou nas orientações políticas do *Conselho Griot* – mas também, e principalmente, no diálogo estabelecido com os sujeitos da pesquisa, durante mais de oito anos de trabalho de reflexão compartilhada: Serviço Social, Assistência Social, assistencialismo e cuidado.

Para nos aproximarmos deste debate é importante conhecer a definição mundial de trabalho social, segundo a *International Federation of Social Workers* (IFSW):

> O exercício da profissão de assistente social [ou trabalhador social][15] promove a mudança social, a resolução de problemas no contexto das relações humanas e a capacidade e empenhamento das pessoas na melhoria do "bem estar". Aplicando teorias de comportamento humano e dos sistemas sociais, o trabalho social focaliza a sua intervenção no relacionamento das pessoas com o meio que as rodeia. Os princípios de direitos humanos e justiça social são elementos fundamentais para o trabalho social (APSS, 2012: s/n).

---

[15] É importante ressaltar que o conceito de "trabalhador social" para a IFSW é mais abrangente que "assistente social", incluindo animadores sociais, animadores culturais, associações, dentre outras categorias funcionais. *Social worker* trata-se, portanto, de um termo cuja tradução para assistente social, embora seja oficialmente aceita, certamente, circunscreve a discussão a que nos propomos.

Embora conhecida no Brasil, esta concepção de trabalho social é questionada pelo Conselho Federal de Serviço Social (CFESS), por entender que a intervenção do assistente social se fundamenta em

> (...) um projeto profissional que se articula a um projeto societário emancipatório, mas esta articulação exige um conjunto de mediações que potencializa a intervenção profissional (com abordagens que podem ser individuais, grupais, familiares ou coletivas) nas condições institucionais, considerando as complexas relações entre Estado e sociedade e os embates entre projetos societários (CFESS, 2010: 11).

No Brasil se usa Serviço Social para definir a disciplina que orienta o profissional assistente social. Daí se infere que aqui, por definição, trabalho social no Serviço Social é entendido como a área de atuação profissional do assistente social, que visa mais do que meramente o bem-estar dos usuários das políticas que implementa, mas, principalmente, o estabelecimento de "um projeto societário emancipatório". Em resumo, o conceito trabalho social é mais extenso do que Serviço Social.

Não raro é possível ouvir de importantes lideranças religiosas do Rio de Janeiro que as suas casas realizam trabalho social, com características de assistência social e busca de direitos. Naturalmente, se compreende que esta utilização de conceitos se refere às ações sociais como anteriormente concebidas, posto que:

> *Assistência Social*: é uma política pública de atenção e de defesa de direitos, regulamentada pela Lei Orgânica da Assistência Social (nº 8.742/93). Destina-se à população mais vulnerável, com o objetivo de superar exclusões sociais e defender e vigiar os direitos de cidadania e de dignidade humana (CRESS/RJ, 2008: s/n).

> *Art. 1º*. A assistência social, direito do cidadão e dever do Estado, é (...) realizada através de um conjunto integrado de ações de iniciativa pública e da sociedade, para garantir o atendimento às necessidades básicas (LOAS, 2007: 7).

Embora essencialmente, no que tange às suas ações sociais, o que as casas de religiões de matrizes africanas desejam seja justamente superar exclusões sociais, garantir direitos de cidadania e defender a dignidade humana, na imensa maioria dos casos estudados não é possível falar de Serviço Social, ou de Assistência Social como acima definida, posto que: 1) a grande maioria das suas ações sociais não se dá através de políticas públicas; 2) não estão reguladas pela LOAS; e 3) não são conduzidas por um assistente social responsável por estas junto àquelas instituições, pois:

> *Art. 9º.* O funcionamento das entidades e organizações de assistência social depende de prévia inscrição no respectivo Conselho Municipal de Assistência Social (...)
> § 3º. A inscrição da entidade (...) é condição essencial para o encaminhamento de pedido de registro e de certificado de entidade beneficente de assistência social junto ao Conselho Nacional de Assistência Social (...) (LOAS, 2007: 10-11).

Vale dizer que, cada vez mais, a institucionalização formal (compreendida como "legalização") para o encaminhamento do pedido de registro como entidade de assistência social junto ao CNAS, entre outras aspirações, é uma das pautas importantes da agenda política das casas de religiões de matrizes africanas no Rio de Janeiro, sobre tudo daquelas cujas lideranças são letradas e conhecedoras do aparato legal que regula o acesso aos benefícios de políticas públicas de cunho social, tais como: o programa Bolsa Família; o Cheque Cidadão; programas de distribuição de cestas básicas etc.

Por funcionarem como verdadeiros centros de referência de redes sociais de solidariedade em espaços de pobreza urbana – embora elas também existam em espaços que não podem ser definidos como de pobreza (*e.g.* a Zona Sul e o Centro do município do Rio de Janeiro); em espaços rurais, e nas fronteiras entre rural e urbano, desempenhando o mesmo papel de núcleo duro de resistência social – as casas de religiões de matrizes africanas se percebem como potenciais agentes de implementação de políticas públicas, nos termos definidos pela LOAS:

> *Art. 25.* Os projetos de enfrentamento da pobreza compreendem a instituição de investimento econômico-social nos grupos populares, buscando subsidiar, financeira e tecnicamente, iniciativas que lhes

garanta meios, capacidade produtiva e de gestão para melhoria das condições gerais de subsistência, elevação do padrão da qualidade de vida, a preservação do meio ambiente e sua organização social.

Art. 26. O incentivo a projetos de enfrentamento da pobreza assentar-se-á em mecanismos de articulação e de participação de diferentes áreas governamentais e em sistema de cooperação entre organismos governamentais, não governamentais e da sociedade civil (LOAS, 2007: 26).

Como decorrência deste despertar para direitos sociais (entendidos algumas vezes como direitos humanos mas, principalmente, como direitos de cidadania), que podem ser auferidos através de um processo de formalização institucional, a preocupação com a legalização dos terreiros se apresentou muito rapidamente durante o processo de organização política que acompanhou o desenvolvimento da pesquisa, havendo resultado na publicação da *Cartilha para legalização de casas religiosas de matriz africana* (Mulholand e Pires, 2012), organizado pelo Departamento de Direito da PUC-Rio, como um subproduto da pesquisa.

Paralelamente, já é possível encontrar estudantes em cursos de graduação em Serviço Social nas universidades do Rio de Janeiro – inclusive na PUC-Rio – que são provenientes das comunidades de terreiros, e que nestes ingressaram com o objetivo explícito de se capacitar e, principalmente, de se titular para atuar formalmente como assistente social junto às suas casas de axé de origem.

Há ainda o caso emblemático da estudante Flávia Pinto, do Programa de Graduação em Ciências Sociais da PUC-Rio e monitora de campo da pesquisa do mapeamento, que recebeu o Prêmio Nacional de Direitos Humanos 2011, na categoria Diversidade Religiosa, por seu trabalho de militância política nesta área, através da sua participação na PUC-Rio e da sua liderança na Casa do Perdão (casa de Umbanda localizada na Zona Oeste do município do Rio de Janeiro), um dos raros exemplos de agente implementador de políticas públicas no segmento religioso de matrizes africanas no Rio de Janeiro.

O trabalho social desenvolvido pelos terreiros através das suas ações sociais, entendido com todos estes cuidados de interpretação, é ainda um tema não conhecido pela nação brasileira, quer pela Academia – que pioneiramente pauta este tema em uma pesquisa –, quer pelo próprio poder público – que desconhece este segmento religioso como potencial parceiro no enfrentamento das mazelas da pobreza no Brasil.

É relevante lembrar que o tema do trabalho social no seu sentido amplo desenvolvido no campo religioso já está bastante estudado academicamente, discutindo principalmente o alcance e os limites do assistencialismo. No Brasil a ênfase desses estudos recai sobre o papel histórico e protagonista da Igreja Católica, permanecendo tudo por se fazer no campo das religiões de matrizes africanas. A respeito do trabalho social no campo religioso, por razões políticas e históricas, a área do Serviço Social faz questão de contrapor sua intervenção ao assistencialismo de *ethos* religioso.

> *Assistencialismo:* é o contraponto do direito, da proteção social ou da seguridade social. É um acesso a um bem através de uma doação. Com o assistencialismo não há garantia de cidadania, pois o acesso a condições plenas e dignas de vida dos cidadãos é conseguido através de favor, à espera da boa vontade e interesse de alguém (CRESS/RJ, 2008: s/n).

A caridade, preceito religioso que fundamenta esta percepção de assistencialismo, embora possa ser assim mesmo interpretada em universos religiosos não católicos, encontra um conjunto de limites histórico-contextuais importantes na atualidade e, particularmente, no seu conteúdo ético na esfera das religiões de matrizes africanas.

A propósito do trabalho social desenvolvido no campo religioso no contexto do século XXI, Burity (2007), tendo como foco de estudo as ações sociais nas religiões evangélicas, observou que:

> A reabilitação das igrejas se dá, portanto, num cenário em que estas são associadas às ideias de uma sociedade civil proativa, enraizada no local, disposta a celebrar parcerias com o estado nas políticas públicas e são associadas a uma capilaridade social que ativa ou participa da formação de redes sociais, bem como são possuidoras de um "capital moral" que lhes confere credibilidade e respeito por parte das populações alcançadas pelas políticas governamentais (...) a nova conjuntura dos anos de 1990 (não somente social, política e econômica, mas também eclesial) parece ter estimulado a multiplicação de experiências que não somente testemunham uma maior consciência ou interesse de diferen-

tes religiões – particularmente no plano local (nem sempre a partir da referência a congregações, paróquias, terreiros, centros), mas envolvendo um crescente número de projetos mantidos por um número menor de entidades civis constituídas no interior do campo religioso – de se envolverem no atendimento de demandas materiais e simbólicas dos pobres, mas também de sua crescente interface com o estado na oferta desses serviços (incorporando-as, por meio de parcerias, ao conjunto das ações de política social dos governos) (Burity, 2007: 22-25).

Esta mudança de percepção do papel das redes sociais de solidariedade na esfera local (particularmente das redes religiosas) em relação ao Estado, que vem ocorrendo no transcurso das três últimas décadas, de uma certa maneira vem desmontando a tese de que as ações sociais no campo religioso tendem a ser meramente assistencialistas, em oposição à assistência social, que busca promover a emancipação dos seus beneficiários.

> (...) no conjunto do campo da assistência social, instituições e trabalhos desenvolvidos pela Igreja, há, tanto Projetos que podem ser classificados "assistencialistas", como outros que são considerados exemplares em termos de "educação para cidadania" (Novaes, 1998: 117).

É neste contexto que a compreensão do tema do trabalho social, no campo religioso de matrizes africanas, começa a mostrar que exigirá a adoção de outras categorias ontológicas e epistemológicas, para que se possa interpretar com acuidade os seus fazeres próprios – que são históricos e não cristãos – ao mesmo tempo em que já se apresentam cobrando a responsabilidade do Estado para a copromoção de processos emancipatórios.

> O processo emancipatório constitui um fenômeno profundo e complexo, de teor tipicamente político, e que supõe concretamente a formação de um tipo de competência, ou seja, de saber fazer-se sujeito histórico capaz de pensar e conduzir seu destino. Assim, no início está a contestação ou a consciência crítica. Tudo começa com a capacidade e a coragem de dizer NÃO. Não à condição de massa de manobra. Não à manipulação imposta pelas elites. Não aos governos clientelistas e corruptos. Não ao Estado tutelar e assistencialista. Não à pobreza política e material (Demo, 1995: 133).

Dessa maneira, para tratar do trabalho social desenvolvido pelas casas de religiões de matrizes africanas não nos bastarão categorias políticas negociadas por outros grupos sociais em outros contextos históricos. Não nos servem as delimitações políticas da assistência social, embora destas não se possam esquivar as casas que desejarem participar como agentes de implementação de políticas públicas. Não aprecia a essência do trabalho social realizado pelas casas de religiões de matrizes africanas o conceito de assistencialismo, posto que o preceito da caridade, bem como outros preceitos correlatos, ali tem a ver com o "cuidado de iguais" – que em resumo, neste campo, é equivalente ao "cuidado de si mesmo"– em um sistema cujas hierarquias de poder não correspondem às hierarquias econômico-sociais. No mínimo, não há como falar de assistencialismo, tal como concebido na literatura tradicional sobre trabalho social no campo religioso, quando estamos falando de pobres cuidando de pobres.

Durante o III Encontro Nacional de Mulheres de Axé, realizado no Rio de Janeiro em março de 2012, a educadora Vanda Machado, do *Ilê Axé Opô Afonjá* da Bahia, propôs o conceito de "cuidado" como uma categoria ontológica para o entendimento das relações sociais nos terreiros de candomblé de nação *Ketu*. Adotando a mesma linha de raciocínio, e destacando o mesmo conceito de "cuidado", o psicanalista Marco Antônio Guimarães, da Rede Nacional de Religiões Afro-Brasileiras e Saúde, ao tratar da função social das mães-criadeiras, enquanto cuidadoras nos terreiros de Candomblé, a partir de uma perspectiva winnicottiana, descreve uma ética que se baseia em acolhimento, limites e trocas:

> Entendo que a tradição do terreiro tem essa possibilidade, porque está alicerçada em uma ordem simbólica que compreende que a vida só pode existir a partir de um sistema inter-relacional, de trocas, no qual cada componente deste sistema que é constituído de homens, divindades, antepassados e de elementos do reino vegetal, animal e mineral, é não só necessário, mas fundamental para a manutenção do todo. Esta dinâmica que integra sistemas de suporte/acolhimento e sistemas de limite não invasor nos permitiria adquirir formas de organização subjetiva nos auxiliando a elaborar os conflitos, os paradoxos naturais que se originam entre aquilo que necessitamos, desejamos, e aquilo que é possível ser obtido em função dos limites da realidade. No interior deste sistema, iniciados e adeptos, a partir de uma aprendizagem analógica, oral e afetiva, têm a oportunidade de amadurecer e cumprir seu destino (Guimarães, 2008: s/n).

Há um processo em marcha de luta por direitos no segmento religioso de matrizes africanas: por ser sujeito histórico e por construir o próprio destino. Trata-se de um processo de dizer *não*, inclusive ao Estado omisso ou tutelar e à pobreza material e política.

* * *

O tratamento dado ao banco de dados, para efeito das reflexões a que nos propomos neste capítulo, foi primordialmente quantitativo, posto que o objetivo central aqui fosse o de conhecer a estruturação e o *modus operandi* desta rede social de solidariedade, no que tange ao trabalho social por ela desenvolvido. O que se desejou foi descrever preliminarmente o *status quo* das ações sociais no campo religioso de matrizes africanas no Rio de Janeiro, na atualidade, e identificar suas principais tendências. Por se tratar de uma amostra, sem a pretensão de esgotar o campo pesquisado, seja do ponto de vista da sua extensão (universo), seja no que concerne aos seus conteúdos, o que se pode esperar é que este estudo sirva como base para pesquisas futuras que permitam aprofundar os argumentos que nele levantamos.

O texto que segue está estruturado em duas partes.

Na seção "Variáveis, valores, frequências e porcentagens" apresentamos as seis variáveis a partir das quais desenvolvemos este estudo, a saber:

1) ações sociais;
2) agência sociopolítica;
3) parceiros;
4) tamanho;
5) abrangência; e
6) fundação.

As variáveis "denominações" e "regiões", que também são utilizadas neste capítulo, encontram-se descritas em capítulo próprio.

As respostas qualitativas – que geraram as informações não organizadas registradas no banco de dados –, a partir das quais se construíram cada uma destas variáveis, foram discriminadas e agrupadas em conjuntos limitados de valores, de maneira a permitir a sua quantificação. Essas distribuições estão comentadas no texto, e as tabelas com os seus respectivos valores, frequências, porcentagens e descritores encontram-se aqui também reproduzidas.

Em "Correlacionando as variáveis", o esforço é o de identificar os nexos existentes entre as variáveis descritas, para extrair daí um aprofundamento do conhecimento sobre o funcionamento das redes sociais de solidariedade de forma analítica, relacional e regionalmente referenciada.

VARIÁVEIS, VALORES, FREQUÊNCIAS E PORCENTAGENS

A construção das variáveis, que a seguir são descritas, teve por objetivo permitir a descrição e a análise quantitativa, referenciada em termos políticos e regionais, dos conteúdos que se extraem das respostas obtidas para a pergunta de número oito do questionário da pesquisa de campo (ver Anexos), que é diretamente relacionada ao tema do trabalho social desenvolvido pelas 847 casas pesquisadas.

8. Realiza em sua casa algum trabalho social? Sim__ Não__
8.1. Que trabalhos sociais?
8.2. Tem parceria ou ajuda para realização e desenvolvimento dos trabalhos sociais? Sim__ Não__
8.3. Que tipo de ajuda?

Inicialmente, é importante rememorar que a construção destas variáveis apropriou, sem questionamentos de quaisquer ordens, a nomenclatura utilizada e as concepções dos respondentes sobre todos e cada um dos conteúdos tratados, registrando *ipsis litteris* os termos adotados pelos sujeitos da pesquisa. No entanto, para efeito do tratamento dos dados que se segue, utilizamos a terminologia "ações sociais", por entender que esta última reflete o banco de dados com acuidade, permitindo prescindir de ressalvas epistêmicas ou políticas que seriam necessárias para sustentar algumas das discussões que a seguir estão propostas.

Com o objetivo de tornar quantificáveis estas informações, os valores que se discriminaram para cada uma das variáveis correspondem a aglutinações de conteúdos que se repetem com variações de linguagem (e/ou grafias), cujos descritores estão reproduzidos nas respectivas tabelas que são apresentadas neste livro.

AÇÕES SOCIAIS

Esta primeira variável – cujos descritores foram extraídos das respostas obtidas para a pergunta "Que trabalhos sociais?" – busca retratar o elenco das ações sociais em estudo. Foram identificados 59 tipos distintos de ações sociais, que são desenvolvidas regularmente pelas casas de religiões de matrizes africanas no Rio de Janeiro, em um total de 1.008 ações reportadas.

Tabela V – Ações sociais

Valores	Descritores
PN Ações afirmativas relativas à população negra	1. Resgate cultural afrodescendente 2. Participação em *blogs* de esclarecimento sobre cultura e religiões afrodescendentes 3. Cursos de história do negro 4. Cursos de capacitação e profissionalizantes: artesanato afro-brasileiro, fantasias e adereços, fios de contas, confecção de instrumentos 5. Cursos de artes: (toque) percussão e tranças 6. Cursos de ioruba 7. Cursos sobre as religiões, conscientização religiosa e assuntos da casa 8. Atividades culturais e esportivas: capoeira, maracatu, jongo, maculelê, coral afro, dança afro, cantigas iorubas, rodas de literatura afro-brasileira e contação de histórias
PL Ações com ênfase na atenção à população local	1. Reunião de promoção da autoestima da comunidade. 2. Orientação social, amparo e conscientização da comunidade 3. Cursos de artes: pintura, música, teatro, artes plásticas, violão e informática 4. Cursos de inglês 5. Atividades culturais e esportivas: palestras, futebol, judô, karatê, balé e lambaeróbica 6. Biblioteca comunitária 7. Distribuição de doações: vestuário, butique solidária, agasalhos, kit higiene bucal e livros 8. Cuidados da saúde: doação de utensílios médicos, de medicamentos, de fraldas para crianças e idosos, educação para a promoção da saúde, para a prevenção das DSTs/HIV-AIDS, de prevenção ao uso de drogas, encaminhamento médico e hospitalar, consultas e terapias alternativas, atendimento de fisioterapeuta, atendimento médico, atendimento dentário, atendimento de fonoaudiologia, atendimento oftalmológico, atendimento psicológico, controle de pressão arterial, controle de glicose, aplicação de flúor dental, cromoterapia, acupuntura, herboterapia, mapeamento de chacras, orientação de planejamento familiar 9. Cuidados com o corpo: corte de cabelo 10. Atendimento às vítimas de enchentes

PC Ações de promoção da cidadania	1. 2. 3. 4. 5. 6. 7. 8.	Comunidade Solidária Ação da Cidadania Cursos pré-vestibulares Trabalhos de comunicação social Trabalhos de educação comunitária Participação política em movimentos sociais: de saúde, relativos à violência contra a mulher, às relações de gênero e à defesa da cidadania Apoio ao MOBRA (Movimento Brasileiro de Apoio aos Desempregados) Apoio jurídico e contábil: atendimento, orientação, assessoria, direito da família, documentação e legalização
PD Ações de proteção à diversidade	1. 2. 3. 4. 5. 6.	Trabalhos com instituições de cuidado de idosos (asilos) Trabalhos com instituições para cegos Trabalhos com a APAE Trabalhos em leprosários Participação política em movimentos sociais contra a homofobia Apoio à LBV e à Associação de Cadeirantes
GE Ações que buscam promover a geração de emprego e renda	1. 2.	Cursos de capacitação e profissionalizantes: culinária, cabeleireira, manicure e pedicure, bordados, bijuterias, macramé, crochê, objetos em PET reciclado, objetos em papel jornal reciclado, corte e costura, ferramentaria, materiais de limpeza, técnicos, de petróleo e gás e construção civil Apoio profissional: recolocação no mercado de trabalho
CF Ações de combate à fome	1. 2. 3. 4. 5. 6. 7. 8.	Bolsa Família Cheque Cidadão Programa Fome Zero Distribuição de doações: botijões de gás, kit merenda e água Coleta de valores e doações para repasse a outras instituições sociais Doação de cestas básicas Doação de alimentos em festividades Outras doações de alimentos: leite, pão, sopas, campanha do quilo (Natal), anchovas para gestantes, bolsa de alimentação, feijoada, frutas e legumes, papinha para bebês
CA Ações educacionais com foco em crianças e adolescentes	9. 10. 11. 12. 13. 14. 15.	Trabalhos em creches e orfanatos Cursos escolares: redação, reforço escolar Curso de teatro infantil Cuidado de crianças e adolescentes: creche própria, apadrinhamento de crianças, doação de enxovais para recém-nascido, visitas regulares a orfanatos, orientação sexual, orientação de higiene, socialização, acompanhamento de crianças portadoras de HIV e com câncer Orientação sobre gestação precoce Programa Projovem Distribuição de doações: kit escola e material escolar

EA Ações educacionais com foco em adultos	1. Programa de distribuição de camisinhas 2. Cursos de alfabetização de jovens e adultos 3. Cursos de evangelização
VS Ações de acolhimento de indivíduos em situação de vulnerabilidade social	1. Assistência espiritual em presídios 2. Cuidados espirituais: obrigações e consultas gratuitas, doação de palavras e doação de rezas 3. Apoio a meninos infratores
DH Ações em defesa de direitos humanos	1. Participação política em movimentos sociais de direitos humanos.
HC Ações relativas a questões habitacionais e ao acesso à cidade	1. Distribuição de doações: auxílio moradia, móveis e utensílios 2. Cuidado de moradores de rua: alimentos e cobertores
PA Ações que visam à preservação ambiental	1. Cuidados ambientais: palestras sobre meio ambiente, horta orgânica e atividade de reflorestamento com espécies nativas
S/I	1. Sem informação

Fonte: Elaboração própria, a partir de dados da pesquisa que originou este livro (PUC-Rio/SEPPIR-PR, 2011).

A sistematização desses dados se deu através desses 12 valores, nos quais se discriminaram as ações sociais informadas. As suas frequências e porcentagens estão citadas adiante na Tabela VI.

1. *Ações afirmativas relativas à população negra (PN)*. Neste valor foram aglutinados oito tipos de ações sociais, todos com ênfase político-pedagógica baseada no resgate e na revalorização de elementos de cultura afrodescendente brasileira. No conjunto das ações registradas, contabilizam-se 49 destas, o que equivale a pouco mais do que 5% das ações sociais realizadas pelas casas pesquisadas.

2. *Ações com ênfase na atenção à população local (PL)*. Para este valor foram elencados dez tipos de ações sociais, cuja marca principal é o seu caráter de oferta de serviços de distintas áreas (*e.g.* saúde, segurança etc.) em atenção a demandas sociais não atendidas na região pelas agências governamentais especializadas. No conjunto de ações registradas, contam-se 78 destas, correspondendo a quase 10% das ações sociais realizadas pelas casas pesquisadas.

3. *Ações de promoção da cidadania (PC)*. Neste valor os oito tipos de descritores registrados permitem perceber um forte caráter político e de busca da conquista de direitos não acessíveis para a população, com ênfase em direitos sociais. Foram registradas 22 destas ações, o que corresponde a pouco mais do que 2% do total de ações sociais realizadas pelo conjunto das casas pesquisadas.

4. *Ações de proteção à diversidade (PD)*. Para este valor foram registrados seis tipos de descritores, cujo nexo principal é a atenção e o cuidado dos indivíduos em situação de desvantagem social, decorrente das suas inserções em grupos subalternizados por sua pertença generacional, orientação sexual ou por serem pessoas portadoras de necessidades especiais. Estas ações correspondem a menos de 1% das ações sociais realizadas pelas casas pesquisadas.

5. *Ações que buscam promover a geração de emprego e renda (GE)*. Este valor registra ações sociais que buscam (re)inserir os seus beneficiários no mercado de trabalho, com ênfase em capacitação profissional de ordem técnica e orientada para prestação de serviços. No conjunto das ações registradas foram identificadas 46 destas, o que corresponde a pouco mais do que 5% das ações realizadas pelas casas pesquisadas.

6. *Ações de combate à fome (CF)*. Neste valor foram identificados oito tipos de ações sociais, cuja ênfase é a distribuição de alimentos para os seus beneficiários. É importante ressaltar que aqui ocorre uma variação muito significativa nas naturezas das ações empreendidas, desde a

distribuição de alimentos como parte de preceito religioso – tais como: de doces em honra aos *Ibejis*, ou feijoada em honra aos Pretos Velhos – até a distribuição de cestas básicas e a implementação do programa Bolsa Família. Embora possa ser argumentado que se trata de ações essencialmente distintas, optamos por manter estes registros aglutinados neste valor, por entender que, independentemente da importância simbólica que os alimentos possam assumir em quaisquer tradições religiosas, seu valor nutricional para populações em situação de pobreza permanece e deve ser computado como tal. Além disso, e principalmente, o próprio segmento religioso assim o entende, ao elencar estas atividades de distribuição de alimentos em resposta à consulta sobre trabalhos sociais realizados. Foram registradas 362 destas ações, respondendo por pouco menos do que 45% de todas as ações sociais realizadas pelas casas pesquisadas.

7. *Ações educacionais com foco em crianças e adolescentes (CA).* Para este valor observam-se sete tipos de ações sociais, muito claramente direcionadas para o cuidado das crianças e adolescentes da comunidade religiosa. Identificaram-se 42 destas, o que equivale a exatos 5% das ações sociais realizadas pelas casas pesquisadas.

8. *Ações educacionais com foco em adultos (EA).* Neste valor foram identificados três tipos de ações sociais. Registraram-se oito destas, o que corresponde a pouco menos do que 1% das ações sociais realizadas pelas casas pesquisadas.

9. *Ações de acolhimento de indivíduos em situação de vulnerabilidade social (VS).* Para este valor foram registrados três tipos de ações sociais, nas quais a ênfase recai sobre os indivíduos com problemas com a Lei. No conjunto das ações registradas, identificaram-se 39 destas, o que corresponde a pouco menos do que 5% das ações sociais realizadas pelas casas pesquisadas.

10. *Ações em defesa de direitos humanos (DH).* Registrou-se um tipo de ação social com este foco. No quadro geral das ações sociais realizadas pelas casas pesquisadas, identificou-se apenas uma referência a este tipo de ação.

11. *Ações relativas a questões habitacionais e ao acesso à cidade (HC).* Foram identificados dois tipos de ações: uma relativa ao tema da moradia e outra relativa à população em situação de rua. No conjunto das ações

realizadas pelas casas pesquisadas identificaram-se 18 destas, o que equivale a pouco mais do que 2% do total.

12. *Ações que visam à preservação ambiental (PA)*. Neste valor foram encontradas algumas iniciativas ainda incipientes ligadas à preservação ambiental e à proteção da biodiversidade, que foram agrupadas em um só tipo para efeito deste estudo. No quadro geral das ações sociais realizadas pelas casas pesquisadas registraram-se três destas, o que corresponde a menos de 1% do total.

Tabela VI – Ações sociais (frequências e porcentagens)

Valores	Frequências f	Porcentagens %
PN – Ações afirmativas relativas à população negra	49	5,8
PL – Ações com ênfase na atenção à população local	78	9,2
PC – Ações de promoção da cidadania	22	2,6
PD – Ações de proteção à diversidade	4	0,5
GE – Ações que buscam promover a geração de emprego e renda	46	5,4
CF – Ações de combate à fome	362	42,7
CA – Ações educacionais com foco em crianças e adolescentes	42	5,0
EA – Ações educacionais com foco em adultos	8	0,9
VS – Ações de acolhimento de indivíduos em situação de vulnerabilidade social	39	4,6
DH – Ações em defesa de Direitos Humanos	1	0,1
HC – Ações relativas a questões habitacionais e ao acesso à cidade	18	2,1
PA – Ações que visam à preservação ambiental	3	0,4
S/I – Sem informação sobre as ações sociais	336	39,7
Total	1.008	100

Fonte: Elaboração própria, a partir de dados da pesquisa que originou este livro (PUC-Rio/SEPPIR-PR, 2011).

Há que se ressaltar que muitas das casas pesquisadas desenvolvem regularmente uma variedade de ações sociais com distintas ênfases e distintos públicos-alvo como beneficiários. Por esta razão, estas podem ter suas respostas enquadradas em mais de um dos valores da variável descritos acima, sendo esta a razão para que o quadro geral de ações realizadas pelas casas seja tão maior do que as 847 pesquisadas.

A Tabela VI resume a distribuição do número de casas pelas quais cada um dos valores da variável foi mencionado e a porcentagem das casas que registram estes valores no conjunto de casas pesquisadas.

O exame das estatísticas descritivas desta variável permite saber que pouco mais de 60% das casas pesquisadas descrevem um ou mais tipos de ações sociais realizadas de forma regular e organizada. Por outro lado, os quase 40% de registros para os quais não se conhecem informações está composto por 26 casas (cerca de 3%) que responderam negativamente à pergunta "Realiza em sua casa algum tipo de trabalho social?", somadas a 310 casas (36,6% das pesquisadas) para as quais não se dispõe de uma resposta negativa, nem de descritores de ações.

Cabe esclarecer que estas últimas estão contadas entre as 317 casas que não responderam à questão "Realiza em sua casa algum trabalho social?", mas que, para sete destas, anotaram-se descritores de ações sociais realizadas em resposta à questão seguinte: "Que trabalhos sociais?". Desta maneira, embora não se disponha de descritores para 310 das casas pesquisadas, é possível supor que estas tenham optado por não informar sobre suas ações sociais, o que também não significa que não realizem ações sociais.

A ausência de resposta obriga a que estas casas sejam consideradas como "sem informação" para efeito do estudo quantitativo. As razões para esta omissão são desconhecidas e sobre elas podemos apenas especular. Seria por que estas ações ocorrem de forma assistemática? Haveria alguma razão de ordem política para omiti-las? Impossível para este estudo responder. No entanto, este aspecto do banco de dados permite supor que exista uma porcentagem ainda maior de casas que realizam ações sociais, sobre as quais este estudo não informa.

O tipo de ação social prevalente é o combate à fome, havendo sido registrado para 42,7% das casas pesquisadas. É inquestionável a importância deste achado para o reconhecimento do papel das casas de religiões de matrizes africanas na manutenção das suas redes sociais de solidariedade. Considerando-se que estamos falando de populações em situação de pobreza, podemos supor que estas casas estão fazendo a diferença entre pobreza e miséria, contribuindo para garantir a segurança alimentar de uma população que permanece não atendida e ignorada.

Quando somado ao valor que o segue imediatamente em termos de incidência – a oferta de serviços à população local – estamos falando de mais de

50% de ações, cujo foco está na busca de garantir a dignidade dos seus beneficiários. Este aspecto é corroborado por porcentagens da ordem de 5% para outros descritores que caminham nesta mesma direção, tais como: geração de emprego e renda e atenção a indivíduos em situação de vulnerabilidade social. Superar exclusões sociais e defender a dignidade humana parecem constituir os eixos centrais das ações sociais desenvolvidas pelas casas pesquisadas.

Há, no entanto, um valor que merece destaque, por ser de outra natureza. As ações sociais com foco na população negra apresentam uma porcentagem bastante representativa (5,8%) no conjunto dos valores observados. Esta característica oferece suporte para uma das ideias iniciais desta pesquisa: a de que as casas de religiões de matrizes africanas se constituem em núcleos duros dos movimentos de resistência social e política e, no Rio de Janeiro, atuam como centros de referência de pertença racial na luta antirracismo. Aqui estamos falando em mais do que apenas a defesa da dignidade humana e o combate à pobreza; estamos tratando de luta pela garantia de direitos de cidadania e, nesta medida, de um processo emancipatório.

Esta observação permite sustentar uma argumentação no sentido de que o "cuidado" oferecido pelas casas de religiões de matrizes africanas no Rio de Janeiro para as suas comunidades religiosas compartilha com "trabalho social", um dos mais caros objetivos políticos expressos da assistência social, embora não se disponham, na grande maioria das casas pesquisadas, de estruturas institucionais que permitam realizar trabalho social *stricto sensu*. A variável que se segue busca aprofundar este conhecimento.

Agência sociopolítica

A variável "agência sociopolítica" foi construída a partir das mesmas respostas oferecidas para a pergunta a que se refere a primeira variável. O objetivo aqui, no entanto, é o de compreender as estruturas e os agentes que sustentam as ações sociais realizadas pelas casas para acessar o seu alcance e os seus limites. Neste contexto, vale dizer que por "agência" entendemos:

> (...) o espaço onde se encontram as estruturas (capacidade de operação) e os agentes (capacidade de ação); [agência] é uma fusão de circunstâncias estruturais e capacidade propulsora. A agência é duplamente condicionada, desde cima, pelo equilíbrio entre restrições e limitações por um lado; recursos e facilitadores propiciados pelas

estruturas por outro; e desde baixo, pelas aptidões, talentos, habilidades, conhecimento e atitudes dos membros da sociedade; bem como organizações; sejam elas coletividades, grupos ou movimentos sociais (Covezzi, 2012).

Quanto à sua agência sociopolítica – que totalizou 44 descritores citados na Tabela VII (agência sociopolítica: valores e descritores) – as casas pesquisadas foram agrupadas em cinco valores que visam descrever a sua participação – e expressar a sua importância – nas redes sociais de solidariedade às quais pertencem e das quais participam com papéis diferenciados, com base nos dados da Tabela VIII:

1. *Agente de implementação de políticas públicas (AIPP).* Para este valor foram identificados seis tipos de descritores das ações realizadas por casas que mantêm com o Estado – ou com instituições/indivíduos que repassam recursos públicos – alguma forma de parceria na distribuição de benefícios provenientes de projetos, programas e/ou políticas públicas. No quadro geral de registros das agências das casas pesquisadas foram identificadas 17 destas, o que corresponde a 1,9% do total de registros.

2. *Agente central de rede social de solidariedade (ARSS).* Neste valor foram agrupados cinco tipos de agências que atestam a centralidade de algumas casas em redes sociais de solidariedade, atuando como verdadeiros centros de referência ("cabeças de redes") para um conjunto de outras redes sociais e/ou religiosas. Identificaram-se 25 registros destas agências, o que corresponde a 2,9% do total dos registros das agências das casas pesquisadas.

3. *Participante de rede social de solidariedade (PRSS).* Para este valor foram identificados 13 tipos de descritores de agências, que atestam a participação das casas pesquisadas em redes sociais não religiosas nas quais atuam como parceiras em ações sociais, sem se constituir na principal força motora para estas redes. Registraram-se 63 casas com esta agência, o que equivale a 7,2% do total dos registros das agências das casas pesquisadas.

4. *Agente único de ação solidária (AUAS).* Neste valor estão agrupados 20 tipos de descritores de agências, que ilustram a atuação das casas pesquisadas em ações sociais realizadas isoladamente, sem o apoio de

redes sociais outras que não sejam aquelas da própria casa, em benefício da comunidade local. Identificaram-se 424 casas que possuem este tipo de agência, o que equivale a 48,5% do total dos registros das agências das casas pesquisadas.

5. *Não desenvolve trabalho social (NDTS)*. Registraram-se 27 casas neste valor, o que equivale a 3,1% do total das agências registradas.

Tabela VII – Agência sociopolítica
(valores e descritores)

Valores	Descritores	
AIPP Agente de implementação de políticas públicas	1. 2. 3. 4. 5. 6.	Bolsa Família Cheque Cidadão Programa Fome Zero Programa Projovem Comunidade Solidária Ação da Cidadania
ARSS Agente central de rede horizontal de solidariedade	1. 2. 3. 4. 5.	Reunião de promoção da autoestima da comunidade Assistência espiritual em presídios Orientação social, amparo e conscientização da comunidade Participação política em movimentos sociais: para adolescente, de saúde, relativos à violência contra a mulher, à homofobia, às relações de gênero, aos direitos humanos e à defesa da cidadania Resgate cultural afrodescendente
PRSS Participante de rede social de solidariedade	1. 2. 3. 4. 5. 6. 7. 8. 9. 10. 11. 12. 13.	Cursos pré-vestibulares Trabalhos com instituições de cuidado de idosos (asilos) Trabalhos com instituições para cegos Trabalhos com a APAE Trabalhos em leprosários Trabalhos em creches e orfanatos Programa de distribuição de camisinhas Trabalhos de comunicação social Trabalhos de educação comunitária Apoio à LBV e à Associação de Cadeirantes Apoio ao MOBRA (Movimento Brasileiro de Apoio aos Desempregados) Participação em *blogs* de esclarecimento sob cultura e religiões afrodescendentes Coleta de valores e doações para repasse a outras instituições sociais

AUAS Agente único de ação solidária	1. Cursos escolares: redação, reforço escolar, alfabetização de jovens e adultos e história do negro 2. Cursos de capacitação e profissionalizantes: culinária, cabeleireira, manicure e pedicure, bordados, bijuterias, macramé, crochê, objetos em PET reciclado, objetos em papel jornal reciclado, corte e costura, artesanato afro-brasileiro, fantasias e adereços, fios de contas, ferramentaria, confecção de instrumentos, materiais de limpeza, técnicos, de petróleo e gás e construção civil 3. Cursos de artes: pintura, música, teatro, (toque) percussão, artes plásticas, teatro infantil, violão, tranças e informática 4. Cursos de idiomas: ioruba e inglês 5. Cursos de religião: evangelização, sobre as religiões, conscientização religiosa e assuntos da casa 6. Cuidados ambientais: palestras sobre meio ambiente, horta orgânica e atividade de reflorestamento com espécies nativas 7. Atividades culturais e esportivas: palestras, capoeira, futebol, judô, karatê, balé, maracatu, jongo, maculelê, coral afro, dança afro, lambaeróbica, cantigas iorubas, rodas de literatura afro-brasileira e contação de histórias 8. Biblioteca comunitária 9. Distribuição de doações: vestuário, butique solidária, auxílio moradia, botijões de gás, agasalhos, kit escola, kit merenda, kit higiene bucal, material escolar, móveis, utensílios, água e livros 10. Doação de cestas básicas 11. Doação de alimentos em festividades 12. Outras doações de alimentos: leite, pão, sopas, campanha do quilo (Natal), anchovas para gestantes, bolsa de alimentação, feijoada, frutas e legumes, papinha para bebês 13. Cuidados da saúde: doação de utensílios médicos, de medicamentos, de fraldas para crianças e idosos, educação para a promoção da saúde, para a prevenção das DSTs/HIV-AIDS, de prevenção ao uso de drogas, encaminhamento médico e hospitalar, consultas e terapias alternativas, atendimento de fisioterapia, atendimento médico, atendimento dentário, atendimento de fonoaudiologia, atendimento oftalmológico, atendimento psicológico, controle de pressão arterial, controle de glicose, aplicação de flúor dental, cromoterapia, acupuntura, herboterapia, mapeamento de chacras, orientação de planejamento familiar, orientação sobre gestação precoce 14. Cuidados espirituais: obrigações e consultas gratuitas, doação de palavras e doação de rezas 15. Apoio profissional: recolocação no mercado de trabalho 16. Apoio jurídico e contábil: atendimento, orientação, assessoria, direito da família, documentação e legalização

AUAS Agente único de ação solidária	17.	Cuidado de crianças e adolescentes: creche própria, apadrinhamento de crianças, doação de enxovais para recém-nascidos, visitas regulares a orfanatos, orientação sexual, orientação de higiene, socialização, acompanhamento de crianças portadoras de HIV e com câncer, apoio a meninos infratores
	18.	Cuidado de moradores de rua: alimentos e cobertores
	19.	Cuidados com o corpo: corte de cabelo
	20.	Atendimento às vítimas de enchentes
NDTS Não desenvolve trabalho social	1.	Não desenvolve trabalho social, porém planeja fazê-lo no futuro
S/I	1.	Sem informação

Fonte: Elaboração própria, a partir de dados da pesquisa que originou este livro (PUC-Rio/SEPPIR-PR, 2011).

É importante ressaltar que cada uma das casas pesquisadas pode estar computada em mais de um destes valores, de acordo com os relatos colhidos sobre os conteúdos das ações sociais regularmente desenvolvidas por elas. Estas repetições permitiram registrar um total de 875 entradas relativas às suas agências.

É igualmente relevante lembrar que foge ao escopo deste estudo a formulação de julgamentos de valor de quaisquer ordens – ou sobre o mérito das ações sociais desenvolvidas pelas casas – bem como sobre o fato de que algumas delas não desenvolvem este tipo de trabalho. A Tabela VIII resume a distribuição do número de casas para cada um dos valores desta variável e a sua porcentagem no total dos registros de agências das casas pesquisadas.

Tabela VIII – Agência sociopolítica (frequências e porcentagens)

Valores	Frequências f	Porcentagens %
AIPP – Agente de implementação de políticas públicas	17	1,9
ARSS – Agente central de rede social de solidariedade	25	2,9
PRSS – Participante de rede social de solidariedade	63	7,2
AUAS – Agente único de ação solidária	424	48,5
NDTS – Não desenvolve trabalho social	27	3,1
S/I – Sem informação sobre agência sociopolítica	319	36,4
Total	875	100

Fonte: Elaboração própria, a partir de dados da pesquisa que originou este livro (PUC-Rio/SEPPIR-PR, 2011).

Há que se esclarecer que a mesma ausência de informação observada para a variável "ações sociais" se reproduz para a variável "agência sociopolítica", posto que estamos trabalhando com o mesmo recorte do banco de dados da pesquisa, valendo aqui considerações metodológicas semelhantes às apresentadas anteriormente.

A marcada prevalência de agência sociopolítica, no que se refere às ações sociais, de pouco menos de 50%, é aquela na qual as casas atuam de forma isolada, ou limitadamente articulada com outras redes que não sejam as suas próprias redes sociais da esfera local. As estruturas que viabilizam estas ações, bem como a capacidade dos seus agentes de empreendê-las – ou seja, os pilares da agência sociopolítica de cada uma delas – parecem estar determinadas por uma combinação do tamanho e da abrangência da casa com a capacidade política – ou seja, a "qualidade" – dos seus membros e lideranças, posto que estas sustentam suas ações sociais baseadas apenas no esforço dos seus próprios membros e nas capacidades instaladas pelos seus próprios recursos e estruturas.

Esta talvez seja uma evidência importante do funcionamento destas redes que, obviamente, além de sociais são também políticas. Este "isolamento" observado (é bom que se ressalte, "isolamento" em relação ao Estado, e não dos seus pares) pode significar uma fragilidade (limite) da capacidade de agência das casas, mas também pode constituir uma estratégia de manutenção do alcance das redes em dimensões territoriais e/ou políticas nas quais os critérios de acolhimento, limites e trocas sejam passíveis de ser respeitados e mantidos sob um controle seguro e operacional.

Por outro lado, merece nota o registro inferior a 2% das casas pesquisadas que atuam como agentes de implementação de políticas públicas. Este achado corrobora nossa discussão inicial sobre a recente percepção da necessidade de "legalização dos terreiros", pelos membros deste segmento religioso. Para além disso, estas estatísticas ilustram com clareza a relativa ausência do Estado em parcerias com as casas de religiões de matrizes africanas no Rio de Janeiro para o enfrentamento das mazelas da pobreza, com ênfase para a segurança alimentar.

A variável seguinte explora o tema das parcerias com mais detalhe.

PARCEIROS

A terceira variável diz respeito aos tipos de parceiros que promovem, apoiam, financiam ou subsidiam as ações sociais realizadas em cada uma das casas. Esta variável foi construída a partir das respostas obtidas para as perguntas "Tem parceria ou ajuda para realização e desenvolvimento dos trabalhos sociais?" e "Que tipo de ajuda?", do questionário reproduzido nos Anexos.

Para compreender essas parcerias, e analisar suas correlações com o tipo de ações sociais desenvolvidas e com a natureza da agência sociopolítica das casas, agrupamos os 50 tipos de descritores de parcerias em cinco valores da variável encontrados na Tabela IX a seguir:

1. *Poder público (PP)*. Foram identificados 11 tipos de parcerias estabelecidas com distintas instâncias/representações do poder público. Encontram-se registradas 49 casas neste valor da variável, o que corresponde a pouco mais do que 5% das casas pesquisadas.
2. *Empresas (EM)*. Nove empresas foram diretamente mencionadas. Registraram-se sete casas neste valor da variável, o que corresponde a pouco menos do que 1% das casas pesquisadas.
3. *Fundações, ONGs e redes sociais (FD)*. Foram elencados 19 descritores de entidades parceiras. Identificaram-se 26 casas neste valor da variável, o que equivale a exatos 3% das casas pesquisadas.
4. *Membros e frequentadores da casa (MF)*. Encontram-se registrados 11 tipos de descritores que se referem a este valor. Registraram-se 192 casas neste valor da variável, o que corresponde a mais de 22% das casas pesquisadas.
5. *Sem parceiros (SP)*. Registraram-se 586 casas neste valor da variável, o que corresponde a impressionantes 68% das casas pesquisadas.

Tabela IX – Parceiros
(valores e descritores)

Valores	Descritores
PP Parceira com o poder público	1. Governo Federal (programa Fome Zero, governamental, órgãos públicos) 2. MDS (Ministério do Desenvolvimento Social) 3. SEPPIR (Secretaria Especial de Promoção da Igualdade Racial da Presidência da República) 4. SEPM (Secretaria de Políticas para as Mulheres) 5. COPIR (Coordenadoria de Educação para a Promoção da Igualdade Racial da Fundação Palmares) 6. CONAB (Companhia Nacional de Abastecimento) 7. SEBRAE (Serviço Brasileiro de Apoio a Micro e Pequenas Empresas) 8. SEDINE (Secretaria de Estado de Educação de Minas Gerais) 9. IMS (Instituto de Medicina Social) 10. Prefeituras municipais (secretarias de Educação, Saúde, Meio Ambiente) 11. Políticos (vereadores, deputados estaduais e federais)
EM Empresas	1. Petrobras 2. White Martins 3. Light 4. Nestlé 5. Danone 6. Guaravita 7. Supermercados 8. Radio Metropolitana 9. Empresas
FD Fundações, ONGs e redes sociais	1. FASE (Federação de Órgãos para Assistência Social e Educacional) 2. Centro Cultural dos Correios 3. Casa França Brasil 4. Ação da Cidadania 5. Fórum da Mulher Negra 6. ONG Criola 7. ONG Instituto Gingas 8. ONG Associação Arte e Cultura 7 de Abril 9. ONG Quinto Elemento 10. ONG CADHIS 11. CESE (Produção Comunitária e Renda) 12. Comunidade África Brasil 13. CETRAB (Centro de Tradições Afrobrasileiras) 14. INAC (Ingá Núcleo de Ação Comunitária) 15. MUDA (Movimento Umbanda do Amanhã) 16. Casa de Cultura Estrela de Oyá 17. Igreja Católica 18. Não governamental (ONGs) 19. Centros sociais

MF Membros e frequentadores da casa	1. 2. 3. 4. 5. 6. 7. 8. 9. 10. 11.	Amigos (amigas, ações entre amigos, Deus) Médiuns Filhos da casa (Mãe Pequena, Pai Equede, filhos espirituais, filhos de santo) Frequentadores Consulentes (clientes) Pessoa física (comerciantes) Sócios (associados) Comunidade (membros da comunidade) Doações (cestas básicas, recursos financeiros, material de construção) Escritório de contabilidade Outras casas (Casa do Perdão, outras comunidades de terreiro)
SP	1.	Sem apoio
S/I	1.	Sem informação

Fonte: Elaboração própria, a partir de dados da pesquisa que originou este livro (PUC-Rio/SEPPIR-PR, 2011).

Inicialmente, cabe ressaltar, a exemplo do que ocorre com variáveis anteriores, que as respostas obtidas, registradas na Tabela X, permitem computar algumas casas em uma ou mais das categorias de parceiros, resultando em 862 registros de parcerias.

Com respeito às parcerias para o desenvolvimento de ações sociais, apenas pouco mais de 30% das casas atestam contar com apoio sistemático de distintas ordens para este fim. Lembrando que mais de 60% das casas pesquisadas afirmam realizar ações sociais de forma regular, é possível constatar que quase um terço das casas pesquisadas cumpre os papéis sociais antes descritos, extraindo apenas de si mesmas os recursos materiais e humanos para fazê-lo.

Dentre aquelas que registram parcerias para o desenvolvimento de ações sociais, a prevalência recai, novamente, sobre aquelas estabelecidas no interior das suas próprias redes horizontais de solidariedade (22,8 de 32,5%), corroborando o achado anterior.

Merece destaque a frequência inferior a 6% das casas que contam com a parceria do poder público para o desenvolvimento do seu papel de agente mitigador de mazelas sociais, um aspecto que já se mostrou claramente através de algumas das variáveis anteriores.

O isolamento do Estado vivido pelas casas de religiões de matrizes africanas no Rio de Janeiro no cuidado das suas comunidades religiosas e/ou urbanas circunvizinhas impressiona por sua dimensão regional e profundidade política. Este precisa ser compreendido para ser modificado. Uma primeira forma de aproximação com este conhecimento seria pela sua dimensão demográfica, para daí extrair pautas para uma agenda política de construção de um projeto de intervenção.

Tabela X – Parceiros (frequências e porcentagens)

Valores	Frequências f	Porcentagens %
PP – Poder público	49	5,7
EM – Empresas	7	0,8
FD – Fundações, ONGs e redes sociais	26	3,0
MF – Membros e frequentadores da casa	192	22,3
SP – Sem parceiros	2	0,2
S/I – Sem informação quanto a parceiros	586	68,0
Total	862	100

Fonte: Elaboração própria, a partir de dados da pesquisa que originou este livro (PUC-Rio/SEPPIR-PR, 2011).

As variáveis que se seguem buscam contribuir com informação desta natureza.

Tamanho

Esta variável se construiu a partir das respostas obtidas para a pergunta "quantas pessoas são adeptas religiosas da casa?" (ver questionário da pesquisa nos Anexos). A palavra "adepto", como utilizada no questionário, pode ser sinônimo de "iniciado" em outros contextos e aqui será entendida como "religiosos fixos" das casas de axé. Por outro lado, a palavra "frequentadores", no contexto desta pesquisa, está sendo entendida como sinônimo de "adeptos" em outros contextos e estudos sobre este campo religioso (sendo assim tomada nos censos realizados pelo IBGE). Membros e frequentadores correspondem aqui, portanto, à reunião de adeptos (religiosos fixos) e frequentadores.

O objetivo desta variável é o de viabilizar um dimensionamento populacional preliminar das casas de religiões de matrizes africanas no Rio de Janeiro, para daí inferir as suas relações com os tipos de ações sociais por elas empreendidas de forma regular, sua agência sociopolítica e seus parceiros.

O critério de utilização do número de religiosos fixos da casa como referência do seu tamanho apropria a "paróquia" como um análogo natural.

Naquela, a permanência no templo de sacerdotes e auxiliares religiosos guarda com o seu tamanho uma correspondência biunívoca, sendo tanto maior quanto maior for o templo (ou a sua importância simbólica). Dessa maneira, o conceito de tamanho, embora inicialmente diga respeito às dimensões físicas das casas (estrutura) e a sua capacidade de ação (número de agentes), tem a sua determinação, principalmente, na relação que estas mantêm com as suas comunidades de referência (religiosa e circunvizinha). Sendo assim, cabe assumir que o "tamanho" de uma casa de serviços religiosos transcende a sua mera dimensão física, expressando também a sua relação com a comunidade de vizinhança e a sua importância simbólica no interior do campo religioso no qual ela está estabelecida (o que está diretamente relacionado à importância política da sua liderança).

A Tabela XI resume os dez valores através dos quais a variável "tamanho" está organizada e apresenta as frequências e porcentagens observadas para cada um deles no banco de dados da pesquisa. Os intervalos foram estabelecidos de forma crescente – de 10 a 500 – para as casas com menos de 1.000 adeptos. A natureza numérica desta variável permite prescindir de qualquer descrição adicional.

Tabela XI – Tamanho

Valores	Frequências f	Porcentagens %
1 a 10	96	11,4
11 a 30	357	42,1
31 a 50	179	21,1
51 a 100	121	14,3
101 a 150	24	2,8
151 a 200	16	1,9
201 a 500	25	3,0
501 a 1.000	9	1,1
Mais de 1.000	7	0,8
Sem informação	13	1,5
Total	847	100

Fonte: Elaboração própria, a partir de dados da pesquisa que originou este livro (PUC-Rio/SEPPIR-PR, 2011).

Quanto ao tamanho das casas pesquisadas observou-se a incontestável prevalência de mais de 40% de casas que são mantidas por um número médio de 20 adeptos por casa (entre 11 e 30), constituindo este o perfil prevalente na pesquisa. Se contabilizarmos todas as casas com um número de adeptos menor do que 50 pessoas, estaremos falando de cerca de 75% das casas pesquisadas.

Por outro lado, o banco de dados da pesquisa registra a existência de 66.948 adeptos religiosos nas 847 casas pesquisadas. A média aritmética do número de adeptos por terreiro seria de quase 80 adeptos, caso as casas possuíssem perfis comparáveis. Entretanto, o desvio padrão desta média é extremamente alto, desautorizando que se tome este valor como referência confiável. Isto equivale a dizer que há uma grande desigualdade em termos dos tamanhos das casas pesquisadas. Posto que 75% das casas têm menos do que 50 adeptos, podemos inferir que mais da metade dos adeptos registrados pela pesquisa estão referidos a menos do que 25% das casas pesquisadas.

Esta composição dos dados permite assumir que, na grande maioria dos casos, estamos tratando de centros religiosos de referência de ações sociais, cujas agências se baseiam no trabalho sistemático de um número relativamente reduzido de pessoas com grande capacidade de ação. Esta seria uma das características do trabalho social desenvolvido pelas casas de religiões de matrizes africanas no Rio de Janeiro: depender muito da "qualidade" de relativamente poucos indivíduos, que são fundamentais.

Abrangência

O banco de dados da pesquisa registra um total de 119.988 frequentadores nas 847 casas pesquisadas, totalizando, com os seus respectivos adeptos, uma população de 186.936 pessoas "cuidadas" pelas casas de axé nos 30 municípios do estado do Rio de Janeiro acessados pela pesquisa. Considerando-se que estamos tentando nos aproximar das redes de solidariedade das casas pesquisadas, interessa conhecer, de alguma maneira, as estruturas nelas instaladas que potencializam as suas agências e sustentam as suas ações sociais.

Para isso, iremos assumir que a capacidade de acolher públicos maiores em atividades abertas ao público seja diretamente proporcional à existência de maiores estruturas instaladas. Dessa maneira, pode-se inferir que, quanto maior o número de frequentadores regulares, maior seja a estrutura física disponível.

A última variável, "abrangência", diz respeito exatamente à extensão da população de frequentadores regulares (em atividades rituais, festivas, culturais, como beneficiários de ações sociais desenvolvidas pela casa etc.). Sua mensuração está determinada pelas respostas oferecidas à pergunta "Quantas pessoas frequentam a casa a cada festividade/ritual?" (ver questionário da pesquisa, nos Anexos).

O objetivo aqui é o de refletir sobre o alcance das ações sociais por elas desenvolvidas através das suas redes horizontais de solidariedade. Esta variável, "abrangência", está organizada nos valores descritos na Tabela XII. Da mesma maneira que para a variável "tamanho", a sua natureza numérica permite prescindir da sua descrição no texto.

Tabela XII – Abrangência

Valores	Frequências f	Porcentagens %
Zero	15	1,8
1 a 20	30	3,5
21 a 50	185	21,8
51 a 100	301	35,5
101 a 150	103	12,2
151 a 200	117	13,8
201 a 500	75	8,9
501 a 1.000	16	1,9
Mais de 1.000	5	0,6
Sem informação	0	0,0
Total	847	100

Fonte: Elaboração própria, a partir de dados da pesquisa que originou este livro (PUC-Rio/SEPPIR-PR, 2011).

Para a variável "abrangência" a prevalência observada – de pouco mais do que 35% – é a de casas que são frequentadas regularmente por um público formado por 50 a 100 pessoas. Se agregarmos os valores para públicos menores do que 200 pessoas, estaremos tratando de mais de 60% das casas pesquisadas. Estas estatísticas permitem supor que o número médio de 100 frequentadores por casa pode ser tomado como uma referência preliminar para descrever este campo religioso no Rio de Janeiro.

Essas observações nos permitem assumir que estamos tratando, principalmente, com unidades de tamanho médio, cuja possibilidade de realizar ações sociais tem alcance de um público até dez vezes maior do que a sua capacidade de ação instalada, sendo, portanto, bastante eficientes e efetivas.

Merece nota o registro de quase 2% de casas pesquisadas que atestam não ter frequentadores. Este dado pode ser interpretado como uma evidência da existência de casas que funcionam apenas com a participação regular dos seus adeptos. Este achado é importante, na medida em que ilustra a existência desta realidade neste campo religioso, que é conhecida por muitos dos "de dentro", mas que apresenta uma complexidade ainda maior para a sua localização, compreensão e mensuração.

FUNDAÇÃO

Esta variável foi construída com o objetivo de acessar a longevidade das casas de axé do Rio de Janeiro, sendo mensurada a partir das datas de fundação registradas pelas casas pesquisadas. A natureza numérica desta variável permite prescindir da sua descrição no texto. A partir das primeiras aproximações aos dados coletados, organizamos esta variável em períodos que correspondem a décadas, cujo arranjo está descrito na Tabela XIII.

Tabela XIII – Fundação

Valores	Frequências f	Porcentagens %
Antes de 1930	0	zero
1930-1939	7	0.8
1940-1949	18	2.1
1950-1959	31	3.7
1960-1969	59	6.9
1970-1979	110	12.9
1980-1989	133	15.7
1990-1999	196	23.2
2000-2009	256	30.2
A partir de 2010	5	0.6
S/I – Sem informação	32	3.9
	847	100

Fonte: Elaboração própria, a partir de dados da pesquisa que originou este livro (PUC-Rio/SEPPIR-PR, 2011).

A prevalência de mais de 30% de casas fundadas após o ano 2000 constitui um dos achados que mais despertam atenção no conjunto das casas pesquisadas. Este dado, somado à igualmente surpreendente ausência de registros de casas que tenham sido fundadas antes de 1930, aponta para um perfil inesperado quanto à longevidade das casas pesquisadas no Rio de Janeiro.

Aparentemente, ao longo do século XX o Rio de Janeiro viu crescer de forma regular, década a década, o seu número de casas de axé, particularmente daquelas participantes das redes sociais a que esta pesquisa teve acesso. Este crescimento assumiu um ritmo mais acelerado a partir do final da década de 1980, ou seja, no contexto da promulgação da Carta Constitucional de 1988, e desde o ano 2000 este movimento é sensivelmente maior.

Este achado, poderíamos argumentar, sugere que as garantias constitucionais de direitos estendidas a novos sujeitos políticos coletivos (população negra, mulheres etc.) – enquanto direitos de cidadania – pode haver contribuído para que muitos adeptos destas religiões tenham optado por tornar visíveis as suas práticas religiosas históricas, abrindo as suas casas de axé ao conhecimento público.

Além disso, bem pode ter sido a ausência desta garantia de direitos que responda pela falta de registros de fundação de casas de axé no Rio de Janeiro antes de 1930, posto serem bem conhecidos os relatos históricos sobre a existência de práticas destas religiões no Rio de Janeiro desde o século XIX. Corrobora esta hipótese o fato de que a maioria destes relatos constasse das páginas policiais dos diários da Corte e da Capital da Primeira República (João do Rio, *A Gazeta*, 1904).

Por outro lado, o incremento das ocorrências de atos de intolerância religiosa contra os adeptos das religiões de matrizes africanas no Rio de Janeiro, a partir da década de 1990, pode também sugerir que os praticantes das religiões de axé estejam, progressivamente, se organizando em formatos mais institucionalizados, de maneira a potencializar a sua capacidade de autoproteção e mútuo fortalecimento. Não se pode passar daí, porém, em termos de hipóteses explicativas para o perfil verificado.

Também merece nota que repetidas vezes ocorreram registros de denominações com referências de origem em grandes terreiros de Candomblé da Bahia, tais como: Engenho Velho, *Afonjá*, *Gantois* e *Alaketu*. Este achado permite imaginar algum processo de transferência de adeptos daquelas casas de axé para o Rio de Janeiro, a partir da década de 1930, porém, a pesquisa realizada não forneceu elementos para avançar quaisquer novos conhecimentos quanto a esta história, a não ser pautar este tema para futuras pesquisas.

CORRELACIONANDO VARIÁVEIS

Com o objetivo de aprofundar o conhecimento sobre as ações sociais desenvolvidas pelas casas de religiões de matrizes africanas no Rio de Janeiro, optamos por analisá-las na seção denominada "Ações sociais e suas correlações" – correlacionando-as inicialmente com a variável "denominações", Tabela XIV, e, posteriormente, com as cinco variáveis descritas e discutidas neste capítulo, nas Tabelas XV a XIX: agência sociopolítica (Tabela XV); parceiros (Tabela XVI); tamanho (Tabela XVII); abrangência (Tabela XVIII); e fundação (Tabela XIX).

Na seção denominada "Distribuição das variáveis por região", inicialmente correlacionamos a variável "ações sociais" com a variável "regiões" para identificar a existência de tendências localizadas, quando elas forem significativas (Tabela XX). Além disso, com o sentido de aprofundar o tratamento espacial do estudo, correlacionamos a variável "regiões" com as demais variáveis nas Tabelas XXI a XXVI: agência sociopolítica, parceiros, tamanho, abrangência, fundação e denominações. Os casos para os quais se observam variações extraordinárias – indicando tendências regionalmente localizadas – estão destacados em negrito em todas as tabelas de correlações entre variáveis.

O que desejamos com este esforço é qualificar o conhecimento sobre as ações sociais realizadas pelas casas pesquisadas a partir das suas inserções regionais, como forma de acesso aos processos de territorialização em curso. Neste sentido, também foram produzidos 42 mapas sobre trabalho social, através dos quais sete variáveis (ações sociais, agência sociopolítica, parceiros; tamanho, abrangência, fundação e denominações) foram cartografadas para seis das nove regiões metodológicas da pesquisa. Esses mapas estão disponíveis em: http://www.nima.puc-rio.br/index.php/pt/projetos-do-nima/mapeamento-crma-rj.

Cabe salientar que para três regiões – Centro (CERJ) e Zona Sul (ZSRJ) do município do Rio de Janeiro e Região Serrana (RSER) – a pesquisa não foi capaz de gerar uma quantidade mínima de informações que justificasse um trabalho de cartografia.

AÇÕES SOCIAIS E SUAS CORRELAÇÕES

Inicialmente, importa conhecer se existem concentrações específicas de ações sociais do ponto de vista das denominações das casas de axé. A correlação das variáveis "ações sociais" e "denominações", na Tabela XIV, tem por objetivo propiciar este estudo.

Tabela XIV – Distribuição das ações sociais por denominação

DENOMINAÇÕES f (%)	AÇÕES f (%)													(%) no conjunto
	PN	PL	PC	PD	GE	CF	CA	EA	VS	DH	HC	PA	S/I	
Candomblé	**41** (83.7)	**52** (66.7)	**14** (63.6)	*1* (25.0)	**36** (78.3)	**261** (72.1)	**34** (80.9)	**5** (62.5)	**20** (51.3)	*1* (100)	**12** (66.7)	**3** (100)	**259** (77.1)	(73.8)
Umbanda	2 (4.1)	14 (17.9)	5 (22.7)	2 (50.0)	7 (15.2)	66 (18.2)	6 (14.3)	1 (12.5)	9 (23.1)	0 (-)	3 (16.7)	0 (-)	41 (12.2)	(14.8)
Outras pertenças	3 (6.1)	7 (9.0)	2 (9.1)	1 (25.0)	2 (4.3)	15 (4.2)	1 (2.4)	1 (12.5)	2 (5.1)	0 (-)	2 (11.1)	0 (-)	9 (2.7)	(4.1)
Híbridos C&U	2 (4.1)	5 (6.4)	1 (4.5)	0 (-)	1 (2.2)	11 (3.0)	0 (-)	0 (-)	3 (7.7)	0 (-)	1 (5.5)	0 (-)	14 (4.2)	(4.1)
Híbridos com outras pertenças	1 (2.0)	0 (-)	0 (-)	0 (-)	0 (-)	4 (1.1)	1 (2.4)	1 (12.5)	4 (10.3)	0 (-)	0 (-)	0 (-)	12 (3.6)	(2.4)
S/I	0 (-)	0 (-)	0 (-)	0 (-)	0 (-)	5 (1.4)	0 (-)	0 (-)	1 (2.5)	0 (-)	0 (-)	0 (-)	1 (0.2)	(0.8)
Totais	**49** (100)	**78** (100)	**22** (100)	**4** (100)	**46** (100)	**362** (100)	**42** (100)	**8** (100)	**39** (100)	**1** (100)	**18** (100)	**3** (100)	**336** (100)	**1.008** (100)

Fonte: Elaboração própria, a partir de dados da pesquisa que originou este livro (PUC-Rio/SEPPIR-PR, 2011).

Merece ser destacado que as ações de combate à fome são prioritárias para todas as denominações e estão equitativamente distribuídas no conjunto pesquisado. Este dado novamente coloca o "cuidado" das suas redes sociais como o eixo central das ações sociais das casas de axé.

No Candomblé, que responde por cerca de 75% das casas pesquisadas, destacam-se as ações afirmativas para a população negra e os projetos educativos com foco em crianças e adolescentes. Aqui é possível argumentar que os projetos sociais apontam para um devir, pautados na afirmação de uma "identidade de resistência", que caminha na direção de se transformar em uma "identidade de projeto", na medida em que reapropria e resignifica materiais culturais próprios, em articulação com outras redes de resistência social.[16] Exemplos disso são as variadas atividades de revalorização dos legados culturais afrodescendentes, tais como: participação em *blogs* de esclarecimento sobre cultura e religiões afrodescendentes; cursos de história do negro; cursos profissionalizantes e de artes e atividades culturais e esportivas baseados em cultura negra; cursos do idioma ioruba; cursos sobre as religiões e conscientização religiosa, dentre outros.

---

[16] Os conceitos "identidade de resistência" e "identidade de projeto" são apropriados da obra de Manuel Castells (2000).

Também merece nota que é o Candomblé que vem assumindo a dianteira na introdução de novos temas no rol das suas ações sociais, tais como direitos humanos e preservação ambiental.

Na Umbanda, que responde por cerca de 15% das casas pesquisadas, destacam-se os temas da promoção da cidadania, da proteção à diversidade e do acolhimento das pessoas em situação de vulnerabilidade social. Aqui a questão racial parece perder centralidade política, no que tange às ações sociais, para dar precedência à busca da dignidade humana. Neste contexto, as ações que parecem ocupar mais as casas de Umbanda são: os trabalhos de educação comunitária; a participação política em movimentos sociais de saúde e relativos à violência contra a mulher, às relações de gênero e à defesa da cidadania; oferta de apoio jurídico e contábil; os trabalhos com leprosos, cegos, cadeirantes e idosos; a assistência espiritual em presídios e o apoio a jovens infratores, dentre muitos outros de natureza semelhante.

Nas outras pertenças, que respondem por pouco mais do que 4% do conjunto pesquisado, o destaque parece recair sobre as ações de atenção à população local, educação de adultos e o tema da moradia. Aqui parece ser possível supor que as comunidades religiosas se fecham sobre suas próprias identidades, e atuam no sentido de manter a sua comunidade religiosa protegida, coesa e fortalecida. Neste contexto se destacam ações sociais, tais como: cursos de alfabetização de jovens e adultos; cursos de evangelização; reuniões de promoção da autoestima da comunidade; orientação social, amparo e conscientização da comunidade; biblioteca comunitária; doações de vestuário, *kits* de higiene, livros, auxílio moradia, móveis e utensílios, dentre outras.

As casas cujas denominações constituem híbridos de Candomblé com Umbanda; ou de um destes – ou os dois – com outras pertenças, se tomadas em conjunto, constituem pouco mais do que 6% das casas pesquisadas.

Para além da sua participação equitativa com as demais denominações, no que tange às ações de combate à fome, não se pode extrair tendências específicas das distribuições das suas ações sociais. Este fato se deve a que suas frequências são muito baixas, o que deforma as estatísticas e impossibilita esta análise.

Por outro lado, é possível assumir, por hipótese, que as ênfases das ações sociais, realizadas em cada uma destas, apresentem uma sinergia com as tendências observadas para Candomblé, Umbanda e outras pertenças, na relação direta do peso de cada uma dessas denominações na composição híbrida da casa. Embora plausível, e sem apresentar discrepâncias numéricas com os achados da pesquisa, esta hipótese carece de elementos para ser aprofundada, permanecendo aqui apenas como pauta para futuras pesquisas.

No exame da correlação entre as variáveis "ações sociais" e "agência sociopolítica", na Tabela XV, há que se destacar a prevalência das ações de combate à fome na distribuição das agências das casas pesquisadas, uma característica que acompanha as distribuições observadas nas estatísticas descritivas de ambas as variáveis.

Tabela XV
Distribuição das ações sociais por agência sociopolítica

AGÊNCIA f (%)	AÇÕES f (%)													
	PP	PL	PC	PD	GE	CF	CA	EA	VS	DH	HC	PA	S/I	Totais
AIPP	0 (-)	2 (11.8)	1 (5.9)	0 (-)	2 (11.8)	11 (64.7)	1 (5.9)	0 (-)	0 (-)	0 (-)	0 (-)	0 (-)	0 (-)	17 (100)
ARSS	3 (12.0)	6 (24.0)	1 (4.0)	0 (-)	2 (8.0)	8 (32.0)	3 (12.0)	1 (4.0)	1 (4.0)	0 (-)	0 (-)	0 (-)	0 (-)	25 (100)
PRSS	4 (6.3)	5 (7.9)	5 (7.9)	2 (3.2)	3 (4.8)	33 (52.4)	8 (12.7)	2 (3.2)	0 (-)	0 (-)	1 (1.6)	0 (-)	0 (-)	63 (100)
AUAS	20 (4.7)	44 (10.4)	4 (0.9)	0 (-)	19 (4.5)	285 (67.3)	8 (2.0)	4 (0.9)	32 (7.5)	0 (-)	4 (0.9)	1 (0.2)	3 (0.7)	424 (100)
NDTS	1 (3.6)	1 (3.6)	0 (-)	0 (-)	1 (3.6)	7 (26.0)	1 (3.6)	0 (-)	0 (-)	0 (-)	0 (-)	0 (-)	16 (59.6)	27 (100)
S/I	0 (-)	0 (-)	0 (-)	0 (-)	0 (-)	0 (-)	0 (-)	0 (-)	0 (-)	0 (-)	0 (-)	0 (-)	319 (100)	319 (100)
(%) no conjunto	(5.8)	(9.2)	(2.6)	(0.5)	(5.4)	(42.7)	(5.0)	(0.9)	(4.6)	(0.1)	(2.1)	(0.4)	(39.7)	875 (100)

Fonte: Elaboração própria, a partir de dados da pesquisa que originou este livro (PUC-Rio/SEPPIR-PR, 2011).

Se tomarmos como referência o valor de 42,7% – que corresponde à porcentagem das ações de combate à fome no conjunto de todas as ações sociais registradas – observaremos que, para todos os tipos de agências, os valores encontrados desviam-se substancialmente – variando entre 10 e 25 pontos percentuais, para mais ou para menos.

Para compreender essas variações há que se articular, também, a variável "ações sociais" com as demais variáveis, o que permitirá levar em consideração os parceiros mobilizados, os tamanhos e as abrangências das casas, os contextos históricos das suas fundações e as escolhas políticas por denominação religiosa. Esses esforços estão realizados mais adiante.

A respeito das ações sociais em relação com as agências cabem as reflexões que se seguem.

A primeira constatação da correlação entre ações sociais e agências sociopolíticas é a de que para "cuidar" das suas redes sociais as casas de axé mobilizam estruturas e agentes que lhes são próprios (67,6% dos registros de AUAS), ou que são irmanados com outras redes horizontais de solidariedade, não necessariamente religiosas (52,4% dos registros de PRSS).

Além disso, para realizar essas ações, as casas podem prescindir de atuar como "cabeças de redes" (32% dos registros de ARSS), dada a centralidade que tem a questão da segurança alimentar. Até mesmo para aquelas casas que dizem não realizar ações sociais, as poucas ações descritas concentram-se em iniciativas de combate à fome.

Por outro lado, vale destacar que, não raro, as casas de axé efetivamente atuam como principais referências de redes horizontais de solidariedade. Isso é particularmente comum no que se refere ao cuidado da população local (24% dos registros de ARSS para 9,2% de valor de referência), cujas ações são mais ligadas à oferta de serviços (*e.g.* de educação, saúde, segurança etc.) do que, propriamente, à questão alimentar.

Ainda quando a participação na esfera política é o aspecto mais importante da agência, é também no combate à fome que se concentram as ações das casas de axé, atuando como agentes de implementação de políticas públicas (64% dos registros de AIPP).

Outro aspecto que merece destaque a respeito das agências é o fato de que as redes sociais – religiosas ou não – parecem constituir o suporte mais importante das ações relacionadas à educação com foco em crianças e adolescentes (12% de ARSS e 12,7% de PRSS, respectivamente, para um valor de referência de 5%). No entanto, a educação é um tema para o qual ainda é bem acanhada a capacidade das casas de axé para implementar políticas públicas.

Ainda a respeito da importância das redes sociais no enfrentamento de questões relevantes para as suas comunidades, destaca-se o papel de "cabeças de redes" desempenhado pelas casas pesquisadas, no que tange às ações afirmativas para a população negra (12% dos registros de ARSS, cujo valor de referência é 5,8%). Este achado permite supor que algumas casas de religiões de matrizes africanas vêm atuando como verdadeiros "quilombos urbanos"[17] no

---

[17] "Os quilombos urbanos são (…) o referencial concreto da luta por reconhecimento, constituindo-se em territórios étnicos de resistência, possíveis dentro da atual conjuntura social e política do País" (Haesbaert, 2009: 1).

Rio de Janeiro, cumprindo o papel de centros de referência de "territórios étnicos de resistência".

Consistiria esta uma evidência da existência de mais de um "processo de territorialização"?

Finalmente, do ponto de vista das agências, no que tange à implementação de políticas públicas, merece destaque a ênfase em ações relativas à capacitação para o trabalho e geração de emprego e renda (11,5% dos registros de AIPP, cujo valor de referência é 5,4%).

Quanto aos parceiros que as casas mobilizam para a realização das suas ações sociais, na Tabela XVI, o destaque principal é a participação majoritária dos seus membros e frequentadores na execução de mais de 60% das ações de combate à fome registradas no conjunto pesquisado. Este achado confirma a hipótese da utilização de estruturas próprias das casas de axé para esta finalidade.

Tabela XVI
Distribuição das ações sociais por parceiro

AÇÕES f (%)	PARCEIROS f (%)						(%) no conjunto
	PP	EM	FD	MF	SP	S/I	
PN	5 (7.3)	0 (-)	9 (21.9)	13 (5.4)	0 (-)	22 (3.4)	(5.8)
PL	7 (10.2)	2 (20.0)	5 (12.2)	18 (7.4)	1 (33.3)	43 (6.6)	(9.2)
PC	1 (1.5)	1 (10.0)	4 (9.8)	6 (2.5)	0 (-)	9 (1.4)	(2.6)
PD	1 (1.5)	0 (-)	0 (-)	2 (0.8)	0 (-)	2 (0.3)	(0.5)
GE	7 (10.2)	1 (10.0)	1 (2.4)	16 (6.6)	0 (-)	21 (3.2)	(5.4)
CF	32 (47.1)	4 (40.0)	16 (39.1)	147 (61.0)	1 (33.3)	166 (25.4)	(42.7)
CA	7 (10.2)	2 (20.0)	3 (7.4)	11 (4.6)	0 (-)	22 (3.4)	(5.0)
EA	1 (1.5)	0 (-)	1 (2.4)	1 (0.4)	0 (-)	4 (0.6)	(0.9)
VS	2 (3.0)	0 (-)	0 (-)	8 (3.3)	0 (-)	30 (4.6)	(4.6)
DH	2 (3.0)	0 (-)	0 (-)	0 (-)	0 (-)	0 (-)	(0.1)
HC	1 (1.5)	0 (-)	0 (-)	11 (4.6)	0 (-)	6 (0.9)	(2.1)
PA	0 (-)	0 (-)	1 (2.4)	1 (0.4)	0 (-)	1 (0.1)	(0.4)
S/I	2 (3.0)	0 (-)	1 (2.4)	7 (3.0)	1 (33.4)	328 (50.1)	(39.7)
Totais	68 (100)	10 (100)	41 (100)	241 (100)	3 (100)	654 (100)	1.017 (100)

Fonte: Elaboração própria, a partir de dados da pesquisa que originou este livro (PUC-Rio/SEPPIR-PR, 2011)

No entanto, merece destaque a significativa articulação com fundações, ONGs e outras redes sociais para a realização de ações afirmativas para a população negra (21,9% para um valor de referência de 5,8%), assim como para as ações de promoção da cidadania (9,8% para um valor de referência de 2,6%).

Quanto às empresas, parece ser possível supor que as parcerias estabelecidas com as casas de axé para a realização de ações sociais, quando raramente se dão, encontram maior ressonância em ações ligadas à oferta de serviços à população local (20% para um valor de referência de 9,2%), com ênfase em atividades educacionais para crianças e adolescentes (20% para um valor de referência de 5%).

Há que se comentar que as parcerias com o poder público estabelecidas pelas casas de axé concentram-se no combate à fome (47,1% para um valor de referência de 42,7%) e na educação de crianças e adolescentes (10,5% para um valor de referência de 5%).

Por último, merece destaque que a maioria dos trabalhos realizados sem parcerias segue um padrão comparável de concentração no tema do combate à fome e na atenção às populações locais.

O quadro geral da agência sociopolítica das casas de axé pesquisadas é o de uma rede horizontal de solidariedade que se relaciona pontualmente com o poder público, se articula limitadamente com outras redes sociais e se sustenta fortemente nas suas próprias redes sociais internas para a realização da principal ação social a que se dedica: o combate à fome das suas comunidades.

Correlacionar as ações sociais realizadas pelas casas de axé com os seus diferentes tamanhos, na Tabela XVII, permite acessar a contribuição da capacidade de ação (agentes) das casas pesquisadas na realização das suas ações. O exame desta correlação tem como destaque principal o fato de que as ações de combate à fome são realizadas com centralidade – e de forma perfeitamente equilibrada – em todo o conjunto das casas pesquisadas. Isso equivale a dizer que a capacidade de ação, no que tange ao combate à fome, independe do número de religiosos fixos das casas. Este achado confirma a existência de uma forte coesão interna nas redes sociais das casas de axé.

Tabela XVII – Distribuição das ações sociais por tamanho

AÇÕES f (%)	TAMANHO f (%)										
	1 a 10	11 a 30	31 a 50	51 a 100	101 a 150	151 a 200	201 a 500	501 a 1.000	Mais de 1.000	S/I	Totais
PN	3 (6.1)	10 (20.4)	12 (24.5)	11 (22.4)	5 (10.2)	4 (8.2)	2 (4.1)	0 (-)	2 (4.1)	0 (-)	49 (100)
PL	5 (6.4)	24 (30.8)	16 (20.5)	19 (24.3)	3 (3.8)	2 (2.6)	4 (5.1)	2 (2.6)	2 (2.6)	1 (1.3)	78 (100)
PC	2 (9.1)	2 (9.1)	6 (27.3)	5 (22.7)	2 (9.1)	2 (9.1)	3 (13.6)	0 (-)	0 (-)	0 (-)	22 (100)
PD	0 (-)	0 (-)	3 (75.0)	1 (25.0)	0 (-)	0 (-)	0 (-)	0 (-)	0 (-)	0 (-)	4 (100)
GE	2 (4.3)	6 (13.1)	18 (39.1)	6 (13.1)	2 (4.3)	5 (10.9)	4 (8.7)	0 (-)	2 (4.3)	1 (2.2)	46 (100)
CF	41 (11.3)	139 (38.4)	81 (22.4)	60 (16.6)	13 (3.6)	6 (1.6)	15 (4.1)	4 (1.1)	0 (-)	3 (0.9)	362 (100)
CA	3 (7.1)	17 (40.5)	7 (16.7)	9 (21.4)	1 (2.4)	1 (2.4)	0 (-)	3 (7.1)	0 (-)	1 (2.4)	42 (100)
EA	1 (12.5)	1 (12.5)	2 (25.0)	2 (25.0)	1 (12.5)	0 (-)	0 (-)	0 (-)	1 (12.5)	0 (-)	8 (100)
VS	4 (10.2)	14 (35.9)	10 (25.6)	9 (23.1)	0 (-)	0 (-)	0 (-)	1 (2.6)	0 (-)	1 (2.6)	39 (100)
DH	0 (-)	0 (-)	0 (-)	0 (-)	0 (-)	1 (100)	0 (-)	0 (-)	0 (-)	0 (-)	1 (100)
HC	1 (5.5)	7 (38.9)	6 (33.4)	2 (11.2)	1 (5.5)	0 (-)	1 (5.5)	0 (-)	0 (-)	0 (-)	18 (100)
PA	0 (-)	0 (-)	2 (66.7)	0 (-)	1 (33.3)	0 (-)	0 (-)	0 (-)	0 (-)	0 (-)	3 (100)
S/I	53 (15.8)	170 (50.6)	58 (17.3)	33 (9.8)	4 (1.1)	5 (1.5)	5 (1.5)	0 (-)	2 (0.6)	6 (1.8)	336 (100)
(%) no conjunto	(11.4)	(42.1)	(21.1)	(14.3)	(2.8)	(1.9)	(3.0)	(1.1)	(0.8)	(1.5)	1.008 (100)

Fonte: Elaboração própria, a partir de dados da pesquisa que originou este livro (PUC-Rio/SEPPIR-PR, 2011).

Merece nota que as casas do perfil predominante (de 11 a 30 adeptos), bem como as dos dois perfis subsequentes (de 31 a 50 e de 51 a 100), apresentam um leque bastante abrangente de ações sociais, distribuindo a sua capacidade de ação por quase todos os tipos de ações elencadas. Essa relativa desconcentração de esforços, se por um lado subtrai energia das ações de combate à fome, por outro permite a agência destas casas, de forma significativa, em quase todas as frentes de mobilização de resistência social observadas.

Cabe ressaltar, no entanto, que cerca de 80% das casas para as quais não se tem informação sobre ações sociais encontram-se nestas faixas de tamanho, o que certamente deforma as estatísticas, delimitando esta análise.

O que se percebe no exame desta correlação é uma distribuição bastante irregular das ações sociais pelas diferentes faixas de tamanhos das casas de axé.

Posto que o interesse desta correlação seja acessar a capacidade de ação das casas pesquisadas, vale regressar à Tabela IV, na qual estas ações estão descritas. Ali é possível constatar que os focos das ações realizadas apontam na direção das capacidades instaladas nas comunidades de axé pesquisadas, o que, aparentemente, depende menos do número de adeptos e mais da "qualidade" dos membros e frequentadores, que ali contribuem com seus saberes específicos como forma de ação solidária.

A correlação entre as variáveis "ações sociais" e "abrangência", na Tabela XVIII, pode nos fornecer elementos para aprofundar esta hipótese, lembrando que a limitada informação sobre as ações sociais impactará também esta análise.

Aqui se observa que casas mais abrangentes – com público de frequentadores entre 200 e 1.000 pessoas – parecem ser mais capazes de incluir as ações afirmativas para a população negra no rol das suas ações sociais. Posto que este seja um perfil de cerca de 10% das casas pesquisadas, interessa saber se ocorre alguma concentração deste tipo de ação por denominação, ou por região, para construir outras hipóteses. Estes esforços serão realizados mais adiante.

As ações com ênfase na população local parecem ser mais comuns em casas frequentadas por um público entre 101 e 150 pessoas. Considerando-se que estas são ofertas de serviços que demandam conhecimentos específicos (*e.g.* de saúde, idiomas, biblioteconomia, apoio psicológico etc.), corrobora-se a hipótese de que a agência sociopolítica da casa está diretamente relacionada à capacidade de ação dos seus frequentadores (agentes), o que significa reunir conhecimentos e compromisso. Ou seja, um público maior de frequentadores tem mais chance de reunir pessoas com as "qualidades" requeridas para a realização deste tipo de ação social.

Por outro lado, é importante observar que públicos maiores não aumentam a incidência deste tipo de ação. Isto permite supor que públicos muito grandes de frequentadores não necessariamente são constituídos por indivíduos que participam efetivamente das ações sociais da casa, em particular daquelas que demandam voluntariado e conhecimentos específicos. Com o auxílio dos dados apresentados, a relação entre o tamanho das casas de axé, a abrangência das suas redes horizontais de solidariedade e a capacidade de "cuidar" das suas comunidades parecem mostrar um dos seus limites.

Tabela XVI – Distribuição das ações sociais por abrangência

AÇÕES f (%)	ABRANGÊNCIA f (%)										(%) no conjunto
	Zero	1 a 20	21 a 50	51 a 100	101 a 150	151 a 200	201 a 500	501 a 1.000	Mais de 1.000	S/I	
PN	0 (-)	0 (-)	4 (2.2)	7 (2.4)	2 (1.8)	4 (3.4)	6 (8.0)	2 (12.6)	0 (-)	0 (-)	(5.8)
PL	1 (6.7)	2 (6.7)	8 (4.3)	14 (4.6)	12 (11.6)	11 (9.4)	7 (9.3)	1 (6.2)	0 (-)	0 (-)	(9.2)
PC	0 (-)	1 (3.3)	2 (1.1)	2 (0.7)	2 (1.8)	3 (2.6)	0 (-)	0 (-)	0 (-)	0 (-)	(2.6)
PD	0 (-)	0 (-)	1 (0.5)	1 (0.3)	0 (-)	0 (-)	0 (-)	0 (-)	0 (-)	0 (-)	(0.5)
GE	1 (6.7)	0 (-)	1 (0.5)	10 (3.3)	2 (1.8)	6 (5.2)	3 (4.0)	1 (6.2)	0 (-)	0 (-)	(5.4)
CF	2 (13.3)	9 (30.0)	76 (41.1)	122 (40.5)	43 (41.7)	36 (30.9)	30 (40.0)	10 (62.6)	2 (40.0)	0 (-)	(42.7)
CA	0 (-)	1 (3.3)	3 (1.6)	6 (2.0)	4 (3.9)	1 (0.8)	3 (4.0)	1 (6.2)	0 (-)	0 (-)	(5.0)
EA	0 (-)	0 (-)	0 (-)	2 (0.7)	1 (0.8)	1 (0.8)	1 (1.3)	0 (-)	0 (-)	0 (-)	(0.9)
VS	0 (-)	2 (6.7)	7 (3.8)	8 (2.6)	3 (2.8)	12 (10.2)	1 (1.3)	0 (-)	0 (-)	0 (-)	(4.6)
DH	0 (-)	0 (-)	0 (-)	0 (-)	1 (0.8)	0 (-)	0 (-)	0 (-)	0 (-)	0 (-)	(0.1)
HC	0 (-)	0 (-)	2 (1.1)	2 (0.7)	0 (-)	1 (0.8)	0 (-)	0 (-)	0 (-)	0 (-)	(2.1)
PA	0 (-)	0 (-)	0 (-)	1 (0.3)	0 (-)	0 (-)	0 (-)	0 (-)	0 (-)	0 (-)	(0.4)
S/I	11 (73.3)	15 (50.0)	81 (43.8)	126 (41.9)	34 (33.0)	42 (35.9)	24 (32.0)	1 (6.2)	3 (60.0)	0 (-)	(39.7)
Totais	15 (100)	30 (100)	185 (100)	301 (100)	103 (100)	117 (100)	75 (100)	16 (100)	5 (100)	0 (-)	1.008 (100)

Fonte: Elaboração própria, a partir de dados da pesquisa que originou este livro (PUC-Rio/SEPPIR-PR, 2011).

No entanto, no que se refere ao combate à fome, o que se observa é uma crescente capacidade de atuação das casas de axé, na medida em que o seu público de frequentadores aumenta, o que permite crer que os frequentadores que não voluntariam trabalho contribuem com as ações sociais aportando insumos ou facilitando parcerias.

Em resumo, o que se observa é que aparentemente o número de adeptos e/ou frequentadores não é a única determinante da capacidade de ação das casas pesquisadas, embora públicos maiores de frequentadores possam significar mais recursos materiais e humanos. O que se poderia assumir aqui é que a "qualidade" dos agentes é a principal responsável pelo alcance e pelos limites da agência sociopolítica das casas de axé.

Importa conhecer, também, se as ações sociais realizadas pelas casas pesquisadas apresentam ênfases diferenciadas em função das suas datas de fundação. Caso isso ocorra, será possível supor que em distintas épocas tenham sido abertas casas com projetos sociais e políticos distintos, para além dos seus objetivos religiosos. O entrecruzamento das variáveis "fundação" e "ações sociais", na Tabela XIX, tem como propósito averiguar esta possibilidade.

Tabela XIX – Distribuição das ações sociais por fundação

AÇÕES f (%)	FUNDAÇÃO f (%)											
	Antes 1930	1930 1939	1940 1949	1950 1959	1960 1969	1970 1979	1980 1989	1990 1999	2000 2009	Após 2010	S/I	Totais
PN	0 (-)	0 (-)	0 (-)	0 (-)	6 (12.2)	7 (14.3)	7 (14.3)	14 (28.6)	13 (26.5)	0 (-)	2 (4.1)	49 (100)
PL	0 (-)	0 (-)	0 (-)	0 (-)	9 (11.5)	18 (23.1)	15 (19.2)	14 (17.9)	19 (24.4)	1 (1.3)	2 (2.6)	78 (100)
PC	0 (-)	0 (-)	1 (4.5)	1 (4.5)	1 (4.5)	2 (9.1)	7 (31.9)	4 (18.2)	5 (22.8)	0 (-)	1 (4.5)	22 (100)
PD	0 (-)	0 (-)	0 (-)	0 (-)	1 (25.0)	0 (-)	2 (50.0)	0 (-)	1 (25.0)	0 (-)	0 (-)	4 (100)
GE	0 (-)	0 (-)	0 (-)	0 (-)	5 (10.9)	9 (19.6)	11 (23.9)	10 (21.7)	8 (17.4)	0 (-)	3 (6.5)	46 (100)
CF	0 (-)	0 (-)	11 (3.0)	18 (5.0)	23 (6.4)	51 (14.1)	58 (16.0)	82 (22.6)	103 (28.4)	3 (0.9)	13 (3.6)	362 (100)
CA	0 (-)	0 (-)	0 (-)	1 (2.4)	4 (9.5)	7 (16.7)	6 (14.3)	11 (26.2)	11 (26.2)	0 (-)	2 (4.7)	42 (100)
EA	0 (-)	0 (-)	0 (-)	0 (-)	1 (12.5)	3 (37.5)	0 (-)	0 (-)	4 (50.0)	0 (-)	0 (-)	8 (100)
VS	0 (-)	0 (-)	0 (-)	3 (7.7)	1 (2.6)	6 (15.4)	8 (20.5)	14 (35.9)	7 (17.9)	0 (-)	0 (-)	39 (100)
DH	0 (-)	0 (-)	0 (-)	0 (-)	0 (-)	0 (-)	0 (-)	0 (-)	0 (-)	0 (-)	1 (100)	1 (100)
HC	0 (-)	2 (11.1)	0 (-)	1 (5.5)	0 (-)	0 (-)	4 (22.3)	5 (27.8)	4 (22.3)	1 (5.5)	1 (5.5)	18 (100)
PA	0 (-)	0 (-)	0 (-)	0 (-)	0 (-)	0 (-)	0 (-)	2 (75.0)	0 (-)	0 (-)	1 (25.0)	3 (100)
S/I	0 (-)	2 (0.6)	8 (2.4)	8 (2.4)	20 (6.0)	36 (10.7)	46 (13.7)	79 (23.5)	122 (36.3)	0 (-)	15 (4.4)	336 (100)
(%) no conjunto	(-)	(0.8)	(2.1)	(3.7)	(6.9)	(12.9)	(15.7)	(23.2)	(30.2)	(0.6)	(3.9)	1.008 (100)

Fonte: Elaboração própria, a partir de dados da pesquisa que originou este livro (PUC-Rio/SEPPIR-PR, 2011).

A primeira observação importante dessa correlação, novamente, diz respeito às ações de combate à fome. Como ocorre com as demais variáveis, a década da fundação parece não influenciar a sua distribuição, de maneira a sugerir quaisquer especificidades. Isso equivale a dizer que, qualquer que seja o projeto sociopolítico fundante da casa, estas ações são prioritárias e, aparentemente, constitutivas do *ethos* religioso e institucional.

Outro aspecto geral relevante é o fato de que, aparentemente, as casas abertas a partir da década de 1960 apresentam uma maior agência sociopolítica. Isto é particularmente verdadeiro para as casas fundadas entre 2000 e 2010.

Na correlação entre estas duas variáveis é possível observar algumas variações nos focos das ações sociais realizadas pelas casas pesquisadas, que mantêm sincronia com os contextos históricos das suas décadas de fundação, principalmente entre 1960 e 2010, período no qual se concentra a grande maioria das informações sobre ações sociais.

Nas casas fundadas na década de 1960, aparentemente, os projetos sociais de maior fôlego são aqueles ligados às questões mais políticas, tais como: ações afirmativas para a população negra, proteção da diversidade e educação de adultos.

As casas fundadas na década de 1970 parecem concentrar esforços em projetos que dizem respeito ao mundo do trabalho, tais como: as atividades de capacitação para geração de emprego e renda e a educação de adultos, além da oferta de serviços que – é bom lembrar – também apresenta atividades com viés de capacitação profissional.

As casas fundadas na década de 1980 parecem focalizar as ações na proteção da cidadania, da diversidade, da empregabilidade e do direito à cidade, temas centrais no contexto da Constituinte.

Na década seguinte foram fundadas casas nas quais as ações sociais parecem privilegiar, novamente, temas políticos, tais como as ações afirmativas para a população negra. É ilustrativo observar que, na década de 1990, diminuem as ofertas de serviços, ao mesmo tempo em que se incluem pautas políticas emergentes, tais como: vulnerabilidade social e preservação ambiental.

É relevante lembrar aqui o contexto da Conferência das Nações Unidas sobre o Meio Ambiente e o Desenvolvimento Sustentável (ECO-92), que ocorreu no Rio de Janeiro em 1992 – e seu paralelo Fórum Social – nos quais as temáticas da diversidade étnico-racial, da necessidade da preservação ambiental e da seguridade social foram politicamente introduzidas no debate internacional, sob a égide do desenvolvimento sustentável.

Na primeira década dos anos 2000 foram abertos mais de 30% do conjunto de casas pesquisadas. Este é também o maior grupo para o qual não se dispõe de informações sobre ações sociais, o que deforma as estatísticas, delimitando nossa capacidade de análise. No entanto, para este grupo de casas de axé destaca-se o relativo incremento das ações de educação de adultos, que incluem: alfabetização, programas de prevenção de DSTs/HIV-AIDS e evangelização. Aparentemente começam a surgir ações sociais que apontam no sentido do fortalecimento de um sujeito político coletivo.

Considerando-se o quadro de ocorrências sistemáticas de atos de intolerância religiosa – e xenofobias de muitas outras ordens – já em curso no Rio de Janeiro no começo do século XXI, pode-se supor que as casas de axé fundadas neste período comecem a articular estratégias de autoproteção e fortalecimento mútuo.

A este respeito é bom lembrar o protagonismo das mulheres negras brasileiras – dentre elas algumas importantes *Yalorixás* do Rio de Janeiro – na I Conferência Mundial contra o Racismo, a Discriminação Racial, a Xenofobia e as Formas Conexas de Intolerância, que ocorreu em Durban, África do Sul, em 2001. Dentre as muitas consequências desta conferência para o Brasil, destaca-se a constituição do Estatuto da Igualdade Racial.[18]

Em resumo, a partir do exame das correlações existentes entre as variáveis "ações sociais" e "fundação", podemos levantar a hipótese de que as casas de axé têm projetos sociopolíticos fundantes, e que é destes que se extraem as ênfases das suas ações sociais. Como decorrência disso, é possível assumir que as lideranças religiosas das casas de axé concebem e conduzem projetos políticos para as suas comunidades, e que estes projetos estão em sintonia com os contextos históricos nos quais estão inseridos. Estes achados podem ser tomados como uma evidência da importância da capacidade de ação das lideranças religiosas ("qualidade" dos agentes) na consolidação das agências sociopolíticas das casas de axé pesquisadas.

Finalmente, é muito relevante valorizar todas estas formas de atuação e "centralidade política fora do contexto político partidário", segundo Ilda Lopes, que, para serem entendidas com justiça, nos obrigam a retomar o conceito "Política" na sua acepção fundante, derivada da palavra grega *politeía*, que indica tudo aquilo que seja relativo à *pólis* – a cidade-Estado – ou seja: a sociedade, a comunidade, a coletividade.

---

[18] A Lei nº 12.288/2010 instituiu o Estatuto da Igualdade Racial. No Artigo 1º, estabelece que seu objetivo é "combater a discriminação racial e as desigualdades raciais que atingem os afro-brasileiros, incluindo a dimensão racial nas políticas públicas desenvolvidas pelo Estado". Por desigualdades o Estatuto entende: "situações injustificadas de diferenciação de acesso e gozo de bens, serviços e oportunidades, na esfera pública e privada" (EIR, 2010).

DISTRIBUIÇÃO DAS VARIÁVEIS POR REGIÃO

O principal aspecto a se destacar do entrecruzamento das variáveis "ações sociais" e "regiões", na Tabela XX, é o seu elevado índice de correlação (R = 0,78). Isto equivale a dizer que cerca de 80% das porcentagens observadas na distribuição dos tipos de ações sociais pelas regiões correspondem às porcentagens observadas para a distribuição do número de casas pesquisadas em cada uma destas, considerando-se uma variação menor do que cinco pontos percentuais, para mais ou para menos.

Este aspecto permite assumir que as casas pesquisadas possuem perfis pouco diferenciados em função da sua localização geográfica no estado – e particularmente no município do Rio de Janeiro – no que tange às ações sociais que realizam.

Tabela XX – Distribuição das ações sociais por região

REGIÕES f (%)	AÇÕES f (%)												
	PN	PL	PC	PD	GE	CF	CA	EA	VS	DH	HC	PA	S/I	Totais
CERJ	1 (2.0)	1 (1.3)	1 (4.5)	0 (-)	1 (2.2)	6 (1.6)	0 (-)	0 (-)	0 (-)	0 (-)	0 (-)	0 (-)	2 (0.6)	12 (1.2)
ZORJ	11 (22.5)	14 (17.9)	4 (18.2)	1 (25)	11 (23.9)	84 (23.2)	14 (33.3)	3 (37.5)	9 (23.1)	0 (-)	8 (44.4)	1 (33.3)	77 (23)	237 (23.6)
ZSRJ	0 (-)	0 (-)	0 (-)	0 (-)	1 (2.2)	2 (0.6)	0 (-)	0 (-)	0 (-)	0 (-)	0 (-)	0 (-)	1 (0.3)	4 (0.3)
ZNRJ	8 (16.3)	17 (21.8)	4 (18.2)	1 (25)	8 (17.4)	91 (25.1)	9 (21.5)	1 (12.5)	11 (28.2)	0 (-)	2 (11.1)	1 (33.4)	61 (18.1)	214 (21.2)
Município do Rio de Janeiro	20 (40.8)	32 (41.0)	9 (40.9)	2 (50)	21 (45.7)	183 (50.5)	23 (54.8)	4 (50)	20 (51.3)	0 (-)	10 (55.5)	2 (67.7)	141 (42)	467 (46.3)
LNBG	11 (22.5)	9 (11.5)	2 (9.1)	2 (50)	8 (17.4)	32 (8.8)	2 (4.7)	2 (25)	2 (5.1)	0 (-)	1 (5.6)	1 (33.3)	36 (10.6)	108 (10.7)
BFLU	11 (22.5)	26 (33.3)	8 (36.4)	0 (-)	15 (32.7)	103 (28.5)	9 (21.4)	2 (25)	12 (30.8)	1 (100)	4 (22.2)	0 (-)	131 (39)	322 (31.9)
RSER	0 (-)	0 (-)	0 (-)	0 (-)	0 (-)	0 (-)	0 (-)	0 (-)	0 (-)	0 (-)	0 (-)	0 (-)	2 (0.6)	2 (0.2)
BLIT	2 (4.0)	6 (7.7)	2 (9.1)	0 (-)	1 (2.2)	23 (6.4)	5 (11.9)	0 (-)	2 (5.1)	0 (-)	2 (11.1)	0 (-)	13 (3.9)	56 (5.6)
SFRM	5 (10.2)	5 (6.5)	0 (-)	0 (-)	1 (2.2)	19 (5.2)	3 (7.2)	0 (-)	3 (7.7)	0 (-)	1 (5.6)	0 (-)	13 (3.9)	50 (5.0)
S/I	0 (-)	0 (-)	1 (4.5)	0 (-)	0 (-)	2 (0.6)	0 (-)	0 (-)	0 (-)	0 (-)	0 (-)	0 (-)	0 (-)	3 (0.3)
Totais	49 (100)	78 (100)	22 (100)	4 (100)	46 (100)	362 (100)	42 (100)	8 (100)	39 (100)	1 (100)	18 (100)	3 (100)	336 (100)	1.008 (100)

Fonte: Elaboração própria, a partir de dados da pesquisa que originou este livro (PUC-Rio/SEPPIR-PR, 2011).

MUNICÍPIO DO RIO DE JANEIRO (AS QUATRO PRIMEIRAS REGIÕES AGREGADAS)

O município do Rio de Janeiro, tomado como a unidade territorial oficial, responde por 46,3% dos 1.008 registros de ações sociais descritas pelas 847 casas que compõem o conjunto pesquisado. Para além da prevalência de mais de 50% das ações no combate à fome, os destaques relativos são para as ações que visam a preservação ambiental, aquelas ligadas ao tema da moradia e do acesso à cidade; e as ações educativas com foco em crianças e adolescentes.

Por outro lado, no município também merecem ser destacadas as percentagens relativamente baixas de ações sociais com ênfase na população negra; as de promoção da cidadania e as com foco na população local. Incontestavelmente, as ações sociais realizadas pela maioria das casas de axé do município do Rio de Janeiro têm ênfase no combate à fome, apontando no sentido do "cuidado" – tomado no sentido de "assistência" – das suas próprias comunidades religiosas.

Do ponto de vista do tipo da agência prevalente no município, a distribuição pelas regiões da pesquisa permite perceber que quase a metade dos registros apontam para ações solidárias empreendidas pelas casas de axé a partir das suas próprias redes sociais, atuando como agentes únicos da ações solidárias (Tabela XXI).

Tabela XXI – Distribuição das agências por região

AGÊNCIA f (%)	REGIÕES f (%)											
	CERJ	ZORJ	ZSRJ	ZNRJ	RJ	LNBG	BFLU	RSER	BLIT	SFRM	S/I	Totais
AIPP	0 (-)	5 (2.4)	0 (-)	3 (1.6)	8 (1.9)	3 (3.2)	5 (1.8)	0 (-)	0 (-)	0 (-)	1 (25.0)	17 (1.9)
ARSS	0 (-)	6 (2.9)	0 (-)	5 (2.6)	11 (2.8)	3 (3.2)	8 (2.9)	0 (-)	1 (2.3)	2 (4.7)	0 (-)	25 (2.9)
PRSS	1 (11.1)	19 (9.2)	0 (-)	20 (10.7)	40 (9.9)	5 (5.3)	10 (3.6)	0 (-)	6 (14.0)	1 (2.3)	1 (25.0)	63 (7.2)
AUAS	6 (66.7)	98 (47.3)	3 (75.0)	98 (51.8)	205 (49.9)	48 (50.4)	119 (42.5)	0 (-)	23 (53.5)	27 (62.8)	2 (50.0)	424 (48.5)
NDTS	0 (-)	6 (2.9)	0 (-)	4 (2.1)	10 (2.5)	1 (1.1)	14 (5.1)	0 (-)	1 (2.3)	1 (2.3)	0 (-)	27 (3.1)
S/I	2 (22.2)	73 (35.3)	1 (25.0)	59 (31.2)	135 (33.0)	35 (36.8)	123 (44.1)	2 (100)	12 (27.9)	12 (27.9)	0 (-)	319 (36.4)
Totais	9 (100)	207 (100)	4 (100)	189 (100)	409 (100)	95 (100)	279 (100)	2 (100)	43 (100)	43 (100)	4 (100)	875 (100)

Fonte: Elaboração própria, a partir de dados da pesquisa que originou este livro (PUC-Rio/SEPPIR-PR, 2011).

Esta é também a prevalência para 48,5% dos 875 registros de agências no conjunto das casas pesquisadas. Cabe ressaltar que, em termos de parceiros, observa-se no município uma concentração da capacidade das casas de axé de estabelecer parcerias com o poder público, o que responde por quase dois terços de todas as parcerias deste tipo, registradas pela pesquisa (Tabela XXII).

Tabela XXII – Distribuição dos parceiros por região

PARCEIROS f (%)	REGIÕES f (%)											
	CERJ	ZORJ	ZSRJ	ZNRJ	RJ	LNBG	BFLU	RSER	BLIT	SFRM	S/I	Totais
PP	1 (2.0)	12 (24.5)	1 (2.0)	16 (32.7)	30 (61.2)	4 (8.2)	12 (24.5)	0 (-)	1 (2.0)	2 (4.1)	0 (-)	49 (100)
EM	0 (-)	3 (42.8)	0 (-)	0 (-)	3 (42.8)	1 (14.3)	2 (28.6)	0 (-)	1 (14.3)	0 (-)	0 (-)	7 (100)
FD	0 (-)	7 (26.9)	0 (-)	5 (19.2)	12 (46.1)	8 (30.8)	6 (23.1)	0 (-)	0 (-)	0 (-)	0 (-)	26 (100)
MF	1 (0.5)	51 (26.6)	1 (0.5)	45 (23.4)	98 (51)	18 (9.4)	48 (25)	0 (-)	8 (4.2)	17 (8.8)	3 (1.6)	192 (100)
SP	0 (-)	1 (50)	0 (-)	1 (50)	2 (100)	0 (-)	0 (-)	0 (-)	0 (-)	0 (-)	0 (-)	2 (100)
S/I	7 (1.3)	125 (21.3)	2 (0.3)	118 (20.1)	252 (43)	62 (10.6)	213 (36.3)	2 (0.3)	34 (5.9)	23 (3.9)	0 (-)	586 (100)
Totais	9 (1.0)	199 (23.1)	4 (0.5)	185 (21.5)	397 (46.1)	93 (10.7)	281 (32.6)	2 (0.2)	44 (5.1)	42 (4.9)	3 (0.4)	862 (100)

Fonte: Elaboração própria, a partir de dados da pesquisa que originou este livro (PUC-Rio/SEPPIR-PR, 2011).

Ainda a respeito das parcerias, corroborando o que já se disse a respeito das agências no município, chama a atenção a mobilização relativamente alta dos membros das próprias redes horizontais de solidariedade das casas de axé ali mapeadas para a realização das suas ações sociais, o que responde por mais da metade do total registrado para este tipo de parceria.

A distribuição das casas mapeadas no município não apresenta quaisquer especificidades regionais observáveis através do entrecruzamento das variáveis "tamanho" e "regiões", na Tabela XXIII.

Tabela XXIII – Distribuição de tamanho por região

REGIÕES f (%)	TAMANHO f (%)										
	Um a dez	11 a 30	31 a 50	51 a 100	101 a 150	151 a 200	201 a 500	501 a 1.000	Mais de 1.000	S/I	Totais
CERJ	0 (-)	0 (-)	4 (40)	5 (50)	0 (-)	0 (-)	0 (-)	0 (-)	0 (-)	0 (-)	9 (100)
ZORJ	25 (12.7)	80 (40.7)	42 (21.3)	29 (15.1)	6 (3.1)	0 (-)	9 (4.6)	3 (1.5)	2 (1.0)	0 (-)	196 (100)
ZSRJ	0 (-)	3 (75)	0 (-)	0 (-)	0 (-)	1 (25)	0 (-)	0 (-)	0 (-)	0 (-)	4 (100)
ZNRJ	19 (10.5)	79 (43.3)	44 (24.0)	31 (16.9)	3 (1.6)	3 (1.6)	3 (1.6)	0 (-)	0 (-)	1 (0.5)	183 (100)
Município do Rio de Janeiro	44 (11.3)	162 (41.3)	90 (22.9)	65 (16.6)	9 (2.3)	4 (1.0)	12 (3.1)	3 (0.8)	2 (0.5)	1 (0.2)	392 (100)
LNBG	12 (13.2)	35 (38.4)	20 (22.0)	9 (9.9)	6 (6.6)	2 (2.2)	1 (1.1)	1 (1.1)	3 (3.3)	2 (2.2)	91 (100)
BFLU	28 (10.2)	115 (42)	54 (19.7)	37 (13.5)	8 (2.9)	7 (2.6)	11 (4.0)	5 (1.8)	2 (0.7)	7 (2.6)	274 (100)
RSER	1 (50)	1 (50)	0 (-)	0 (-)	0 (-)	0 (-)	0 (-)	0 (-)	0 (-)	0 (-)	2 (100)
BLIT	6 (14)	21 (48.8)	7 (16.3)	6 (14)	1 (2.3)	0 (-)	1 (2.3)	0 (-)	0 (-)	1 (2.3)	43 (100)
SFRM	4 (9.5)	21 (50)	8 (19)	4 (9.5)	0 (-)	3 (7.2)	0 (-)	0 (-)	0 (-)	2 (4.8)	42 (100)
S/I	1 (33.3)	2 (66.7)	0 (-)	0 (-)	0 (-)	0 (-)	0 (-)	0 (-)	0 (-)	0 (-)	3 (100)
Totais	96 (11.3)	357 (42.1)	179 (21.1)	121 (14.3)	24 (2.8)	16 (1.9)	25 (3.0)	9 (1.1)	7 (0.8)	13 (1.5)	847 (100)

Fonte: Elaboração própria, a partir de dados da pesquisa que originou este livro (PUC-Rio/SEPPIR-PR, 2011).

Dessa maneira, a prevalência no município – que corresponde a mais de 40% das casas ali mapeadas – é a de casas de axé que contam com uma média de 20 adeptos, a exemplo do que ocorre no conjunto das casas pesquisadas.

Quanto às suas abrangências, quase 60% delas reconhece entre 20 e 100 frequentadores regulares, perfil que acompanha sem maiores variações a distribuição observada para o conjunto das casas pesquisadas (Tabela XXIV). Estamos, portanto, falando de casas de axé de tamanho médio, pelas quais circulam não mais do que 130 pessoas em termos regulares.

Tabela XXIV – Distribuição de abrangência por região

REGIÕES f (%)	ABRANGÊNCIA f (%)										
	Zero	1 a 20	21 a 50	51 a 100	101 a 150	151 a 200	201 a 500	501 a 1.000	Mais de 1000	S/I	Totais
CERJ	0 (-)	0 (-)	0 (-)	6 (66.7)	1 (11.1)	2 (22.2)	0 (-)	0 (-)	0 (-)	0 (-)	9 (100)
ZORJ	0 (-)	4 (2.0)	42 (21.4)	68 (34.7)	31 (15.9)	31 (15.9)	13 (6.6)	3 (1.5)	4 (2.0)	0 (-)	196 (100)
ZSRJ	0 (-)	0 (-)	1 (25.0)	2 (50.0)	0 (-)	0 (-)	1 (25.0)	0 (-)	0 (-)	0 (-)	4 (100)
ZNRJ	0 (-)	6 (3.2)	50 (27.3)	64 (35.0)	22 (12.0)	23 (12.5)	14 (7.7)	4 (2.3)	0 (-)	0 (-)	183 (100)
Município do Rio de Janeiro	0 (-)	10 (2.5)	93 (23.7)	140 (35.7)	54 (13.8)	56 (14.3)	28 (7.2)	7 (1.8)	4 (1.0)	0 (-)	392 (100)
LNBG	1 (1.1)	3 (3.3)	15 (16.4)	34 (37.7)	8 (8.6)	15 (16.4)	12 (13.2)	3 (3.3)	0 (-)	0 (-)	91 (100)
BFLU	12 (4.4)	6 (2.2)	47 (17.1)	102 (37.2)	33 (12.0)	40 (14.6)	31 (11.3)	3 (1.1)	0 (-)	0 (-)	274 (100)
RSER	0 (-)	0 (-)	1 (50.0)	1 (50.0)	0 (-)	0 (-)	0 (-)	0 (-)	0 (-)	0 (-)	2 (100)
BLIT	1 (2.3)	6 (13.9)	14 (32.6)	11 (25.7)	5 (11.6)	2 (4.6)	1 (2.3)	3 (7.0)	0 (-)	0 (-)	43 (100)
SFRM	1 (2.4)	5 (11.9)	14 (33.3)	12 (28.6)	3 (7.1)	4 (9.5)	2 (4.8)	0 (-)	1 (2.4)	0 (-)	42 (100)
S/I	0 (-)	0 (-)	1 (33.3)	1 (33.3)	0 (-)	0 (-)	1 (33.4)	0 (-)	0 (-)	0 (-)	3 (100)
Totais	15 (1.8)	30 (3.5)	185 (21.8)	301 (35.5)	103 (12.2)	117 (13.8)	75 (8.9)	16 (1.9)	5 (0.6)	0 (-)	847 (100)

Fonte: Elaboração própria, a partir de dados da pesquisa que originou este livro (PUC-Rio/SEPPIR-PR, 2011).

Quanto às datas de fundação das casas de axé no município do Rio de Janeiro, o entrecruzamento das variáveis "fundação" e "regiões", na Tabela XXV, permite observar que o município acompanha o perfil da distribuição correspondente ao conjunto das casas pesquisadas. Em ambas as distribuições se destacam: 1) a ausência de registros de casas fundadas antes de 1930; e 2) a ocorrência de mais de 50% das casas de axé que foram abertas nos últimos 30 anos.

Tabela XXV – Distribuição de fundação por região

REGIÕES f (%)	FUNDAÇÃO f (%)										
	Antes 1930	1930 1939	1940 1949	1950 1959	1960 1969	1970 1979	1980 1989	1990 1999	2000 2009	Após 2010	S/I	Totais
CERJ	0 (-)	0 (-)	0 (-)	2 (22.2)	0 (-)	2 (22.2)	3 (33.4)	0 (-)	2 (22.2)	0 (-)	0 (-)	9 (100)
ZORJ	0 (-)	0 (-)	2 (1.0)	6 (3.1)	10 (5.1)	19 (9.7)	26 (13.2)	57 (29.1)	67 (34.2)	4 (2.0)	5 (2.6)	196 (100)
ZSRJ	0 (-)	0 (-)	0 (-)	0 (-)	0 (-)	0 (-)	2 (50.0)	2 (50.0)	0 (-)	0 (-)	0 (-)	4 (100)
ZNRJ	0 (-)	5 (2.7)	7 (3.8)	13 (7.1)	22 (12.0)	24 (13.1)	28 (15.3)	35 (19.1)	44 (24.0)	0 (-)	5 (2.7)	183 (100)

REGIÕES f (%)	FUNDAÇÃO f (%)											
	Antes 1930	1930 1939	1940 1949	1950 1959	1960 1969	1970 1979	1980 1989	1990 1999	2000 2009	Após 2010	S/I	Totais
Município do Rio de Janeiro	0 (-)	5 (1.3)	9 (2.3)	21 (5.3)	32 (8.2)	45 (11.5)	59 (15.1)	94 (24.0)	113 (28.8)	4 (1.0)	10 (2.5)	392 (100)
LNBG	0 (-)	1 (1.1)	1 (1.1)	0 (-)	1 (1.1)	10 (11.0)	19 (20.9)	23 (25.3)	28 (30.8)	0 (-)	8 (8.7)	91 (100)
BFLU	0 (-)	0 (-)	7 (2.5)	8 (2.9)	17 (6.2)	47 (17.1)	46 (16.8)	62 (22.6)	75 (27.4)	1 (0.4)	11 (4.1)	274 (100)
RSER	0 (-)	0 (-)	0 (-)	0 (-)	0 (-)	0 (-)	1 (50.0)	0 (-)	1 (50.0)	0 (-)	0 (-)	2 (100)
BLIT	0 (-)	0 (-)	0 (-)	0 (-)	3 (7.0)	1 (2.3)	6 (13.9)	9 (20.1)	23 (53.5)	0 (-)	1 (2.3)	43 (100)
SFRM	0 (-)	1 (2.4)	0 (-)	2 (4.8)	6 (14.3)	6 (14.3)	2 (4.8)	7 (16.7)	16 (38.1)	0 (-)	2 (4.8)	42 (100)
S/I	0 (-)	0 (-)	1 (33.3)	0 (-)	0 (-)	1 (33.3)	0 (-)	1 (33.4)	0 (-)	0 (-)	0 (-)	3 (100)
Totais	0 (-)	7 (0.8)	18 (2.1)	31 (3.7)	59 (7.0)	110 (13.0)	133 (15.7)	196 (23.1)	256 (30.2)	5 (0.6)	32 (3.8)	847 (100)

Fonte: Elaboração própria, a partir de dados da pesquisa que originou este livro (PUC-Rio/SEPPIR-PR, 2011).

Finalmente, em termos das pertenças religiosas na Tabela XXVI, a distribuição das denominações no município registra a prevalência do Candomblé – que responde por quase 75% das casas mapeadas – que é correspondente à do conjunto das casas pesquisadas, não ocorrendo variações que possam sugerir tendências particulares quanto à concentração de casas de denominações específicas.

Tabela XXVI – Distribuição de denominações por região

DENOMINAÇÕES f (%)	REGIÕES f (%)											
	CERJ	ZORJ	ZSRJ	RJ	ZNRJ	LNBG	BFLU	RSER	BLIT	SFRM	S/I	Totais
Candomblé	6 (66.7)	148 (75.4)	2 (50)	156 (74.6)	131 (71.6)	70 (76.9)	206 (75.1)	2 (100)	28 (65.1)	29 (69.0)	3 (100)	625 (73.8)
Umbanda	3 (33.3)	25 (12.8)	2 (50)	30 (14.4)	29 (15.8)	8 (8.8)	39 (14.2)	0 (-)	10 (23.3)	9 (21.4)	0 (-)	125 (14.8)
Outras pertenças	0 (-)	6 (3.1)	0 (-)	6 (2.9)	9 (4.9)	2 (2.2)	13 (4.8)	0 (-)	4 (9.3)	1 (2.4)	0 (-)	35 (4.1)
Híbridos C&U	0 (-)	12 (6.1)	0 (-)	12 (5.7)	10 (5.5)	6 (6.6)	5 (1.8)	0 (-)	1 (2.3)	1 (2.4)	0 (-)	35 (4.1)
Híbridos com outras pertenças	0 (-)	5 (2.6)	0 (-)	5 (2.4)	2 (1.1)	4 (4.4)	8 (2.9)	0 (-)	0 (-)	1 (2.4)	0 (-)	20 (2.4)
S/I	0 (-)	0 (-)	0 (-)	0 (-)	2 (1.1)	1 (1.1)	3 (1.2)	0 (-)	0 (-)	1 (2.4)	0 (-)	7 (0.8)
Totais	9 (100)	196 (100)	4 (100)	209 (100)	183 (100)	91 (100)	274 (100)	2 (100)	43 (100)	42 (100)	3 (100)	847 (100)

Fonte: Elaboração própria, a partir de dados da pesquisa que originou este livro (PUC-Rio/SEPPIR-PR, 2011).

Centro (CERJ)

O baixo número de casas registradas no Centro do município do Rio de Janeiro, que corresponde a apenas 1,2% das casas pesquisadas (Tabela XX), não permite inferir tendências extraordinárias nas ações sociais desenvolvidas pelas casas mapeadas nesta região, através do estudo estatístico de distribuição regional das ações sociais.

Do ponto de vista das agências, há que se destacar que a grande maioria das casas ali mapeadas realizam suas ações sociais baseadas, quase exclusivamente, nas suas próprias redes sociais (Tabela XXI).

Assim como ocorre com as ações sociais ali realizadas, há uma impossibilidade de ilustrar tendências a respeito dos parceiros que as casas mobilizam para a realização destas, porém merece nota o registro de que ali ocorrem parcerias com o poder público (Tabela XXII).

Do ponto de vista do tamanho das casas, é possível perceber uma forte tendência de concentração em casas com um número médio de 65 adeptos em cada uma. Este perfil é bastante diferenciado do conjunto de casas pesquisadas, porém há que se ressalvar que a amostra muito pequena para esta região pode estar deformando estas porcentagens. De qualquer maneira, há que se registar esta tendência de haver casas de axé maiores no Centro do município do Rio de Janeiro (Tabela XXIII).

Quanto às suas abrangências, destaca-se que a totalidade das casas mapeadas no Centro registra um público de frequentadores entre 50 e 200 pessoas, uma frequência que é superior às observadas para o conjunto das casas pesquisadas (Tabela XXIV). Estes achados devem ser matizados pela consideração de que circulam pelo Centro da cidade do Rio de Janeiro muitas pessoas provenientes de outras regiões, e de outros municípios do Grande Rio, fato que pode estar impactando estas estatísticas e revelando uma tendência importante quanto às estruturas instaladas nas casas de axé localizadas no Centro do Rio de Janeiro.

Quanto às datas de fundação das casas de axé do Centro do município do Rio de Janeiro, merece destaque o fato de que quase 80% das casas ali mapeadas foram abertas entre 1950 e 1990, sendo, portanto, mais antigas. Além disso, observam-se dois claros hiatos – correspondentes às décadas de 1960 e 1990 – períodos durante os quais não se registraram fundações de casas de axé nesta região (Tabela XXV).

Finalmente, quanto à distribuição das denominações, esta região apresenta uma tendência a reunir um número relativamente maior de casas de Umbanda do que aquele observado no conjunto das casas pesquisadas – correspondendo a um terço das casas mapeadas no Centro (Tabela XXVI).

Em resumo, o Centro do município do Rio de Janeiro parece reunir mais casas de Umbanda do que os demais territórios pesquisados, e estas tendem a ser mais longevas, maiores e com maior abrangência do que as prevalências encontradas no conjunto das casas pesquisadas. Ali as ações sociais prevalentes dizem respeito ao combate à fome, sendo principalmente desenvolvidas pelos próprios membros e frequentadores das casas, com algumas parcerias estabelecidas com o poder público.

Zona Oeste (ZORJ)

A propósito da Zona Oeste do município do Rio de Janeiro, dada a sua importância numérica no conjunto das casas pesquisadas, pode-se adiantar que esta região tem um peso relativo bastante grande na definição dos perfis de distribuição de quase todas as variáveis do conjunto das casas pesquisadas. Decorre daí que, de um modo geral, são limitadas as variações que ali merecem destaque.

Nesta região, que compreende 23,6% das ações sociais realizadas pelas casas pesquisadas (Tabela XX), o exame da distribuição das ações sociais pelas regiões permite perceber uma ênfase relativa em ações sociais com caráter educativo, sejam com foco em crianças e adolescentes, sejam dirigidas ao público adulto. Lá também começam a acontecer ações pedagógicas ligadas a temas ambientais, sejam relacionados ao direito à moradia, sejam ligados a esforços de preservação ambiental.

Em termos das suas agências, merece nota a capacidade relativamente maior das casas de axé da Zona Oeste de atuar como agentes de implementação de políticas públicas, uma estatística que, embora diferenciada em menos de um ponto percentual, indica uma tendência importante na composição desta variável (Tabela XXI).

Quanto aos parceiros com os quais as casas contam para o desenvolvimento de suas ações sociais, na Zona Oeste destacam-se as empresas que respondem por mais de 40% do total das parcerias com empresas observadas no conjunto das casas pesquisadas, sendo esta outra característica que merece ser valorizada nesta análise (Tabela XXII).

Do ponto de vista do seu tamanho, mais de 40% das casas de axé da Zona Oeste possuem uma média de 20 adeptos, um perfil que está igualmente plasmado na distribuição do conjunto das casas pesquisadas (Tabela XXIII).

Quanto a sua abrangência, as casas de axé da Zona Oeste apresentam uma prevalência de mais de 50% com públicos de frequentadores entre 20 e 100 pessoas (Tabela XXIV).

Quanto às datas de fundação das casas de axé da Zona Oeste merece nota a prevalência das décadas de 1990 e 2000, período no qual mais de 60% das casas ali mapeadas foram fundadas (Tabela XXV).

Finalmente, em termos das pertenças religiosas, na Zona Oeste observa-se uma concentração de mais de 75% de casas de Candomblé (Tabela XXVI), o que corresponde diretamente à distribuição do conjunto das casas pesquisadas.

Zona Sul (ZSRJ)

O baixo número de casas registradas na Zona Sul, correspondente a 0,3% das casas pesquisadas (Tabela XX), não permite inferir tendências próprias nas ações sociais desenvolvidas pelas casas de axé daquela região, a exemplo do que ocorre com o Centro.

A distribuição da variável "agência" pelas regiões ilustra que as casas de axé mapeadas na Zona Sul atuam, exclusivamente, com agentes únicos das ações solidárias (Tabela XXI).

Por outro lado, a mesma impossibilidade de afirmar tendências quanto às ações sociais ocorre a respeito dos parceiros que as casas mobilizam para a realização destas ações (Tabela XXI). O curioso desta estatística é que ali as casas de axé atuam predominantemente isoladas, sem contar, sequer, com os seus membros e frequentadores. Isso faz crer que as ações sociais ali realizadas são empreendidas e, provavelmente, financiadas pelas próprias lideranças religiosas.

Este relativo "isolamento" das casas de axé da Zona Sul, quanto às suas abrangências e capacidade de estabelecer parcerias, sugere certa "invisibilidade" que, somada ao número reduzido de casas que ali se registram, poderia ser interpretado como uma evidência de que estas casas estão localizadas em territorialidades de pertenças religiosas, sociais e políticas que não lhes são próprias. Esta é uma hipótese que, certamente, merece aprofundamento a partir de outras pesquisas.

Do ponto de vista do tamanho das casas mapeadas na Zona Sul, a amostra restrita a apenas quatro casas de axé sugere a prevalência – neste caso, maioria absoluta – de casas com um número médio de adeptos de 20 religiosos (Tabela XXIII). Este achado corrobora a ideia de que para poder "cuidar dos seus" as casas se mantêm isoladas e restritas às suas redes religiosas internas.

Quanto à abrangência das casas de axé mapeadas na Zona Sul, destaca-se a prevalência de 75% das casas com um número de frequentadores entre 20 e 100 pessoas, embora se encontrem registros de casas maiores (Tabela XXIV).

Quanto à longevidade das casas mapeadas na Zona Sul, o que se observa é que elas foram fundadas no período compreendido entre os anos de 1980 e 2000 (Tabela XXV).

Finalmente, do ponto de vista das pertenças religiosas, o exame da distribuição das denominações pelas regiões aponta para a inexistência de híbridos na Zona Sul, sendo as pertenças distribuídas equitativamente entre Candomblé e Umbanda (Tabela XXVI). Esta distribuição é bastante diferenciada da observada para o conjunto das casas pesquisadas, e pode ser entendida como uma tendência relevante; porém há que se ressalvar que a baixa frequência de registros de casas mapeadas nesta região pode estar deformando estas estatísticas.

Zona Norte (ZNRJ)

No exame da distribuição das ações sociais na Zona Norte, que responde por 21,2% das casas pesquisadas, chama a atenção o fato de que aquelas que buscam atender às pessoas com problemas com a Lei tenham ali a extraordinária participação percentual de quase 30% deste tipo de ações realizadas pelo conjunto das casas pesquisadas (Tabela XX).

Por outro lado, ocorre uma incidência relativamente baixa de ações de educação de adultos, bem como daquelas que dizem respeito à moradia. Além disso, é possível perceber que o tema da preservação ambiental também começa a se colocar no rol de ações sociais realizadas pelas casas ali pesquisadas, a exemplo do que vem ocorrendo na Zona Oeste.

A distribuição dos tipos de agências sociopolíticas pelas regiões pesquisadas permite perceber que ali se confirma a prevalência de atuação das casas de axé como agentes únicos de ações solidárias (Tabela XXI). No entanto, merece nota a capacidade relativamente alta das casas mapeadas na Zona Oeste de participar ativamente em outras redes sociais de solidariedade, não necessariamente religiosas, respondendo por mais de 10% de todos os registros deste tipo de agência no conjunto pesquisado.

Quanto a parceiros, na Zona Norte destacam-se as parcerias com o poder público, que responde por quase um terço de todas as parcerias desta natureza observadas no conjunto de casas pesquisadas (Tabela XXII).

Do ponto de vista do seu tamanho, as casas de axé desta região mantêm com o conjunto das casas pesquisadas uma acentuada correlação na sua distribuição, prevalecendo as casas com média de 20 adeptos (Tabela XXIII).

Quanto à abrangência das casas de axé da Zona Norte, mais da metade das casas mapeadas possui um número de frequentadores regulares entre 20 e 100 pessoas (Tabela XXIV).

Quanto às datas de fundação das casas mapeadas, o entrecruzamento das variáveis "fundação" e "regiões" permite perceber que esta região é repositório de casas mais longevas, havendo um quarto das casas mapeadas sido fundadas entre 1930 e 1970. Nas duas décadas seguintes a Zona Norte contribuiu equitativamente com o conjunto das casas pesquisadas na abertura de novas casas, porém passou a diminuir relativamente o ritmo de aberturas de novas casas a partir da década de 1990 (Tabela XXV).

Finalmente, no que diz respeito às pertenças religiosas, o exame da distribuição das denominações por regiões guarda uma forte correspondência com o do conjunto das casas pesquisadas, registrando uma forte concentração de casas de Candomblé na Zona Norte do município do Rio de Janeiro (Tabela XXVI).

Leste e Norte da Baía de Guanabara (LNBG)

Na região localizada a leste e ao norte da Baía de Guanabara, onde foram mapeadas 10,7% das casas pesquisadas, destacam-se as ações que buscam afirmar valores da população negra, respondendo por pouco mais de 20% de todas as ações deste tipo registradas no conjunto de casas pesquisadas (Tabela XX). Este achado sugere a existência neste território de um adensamento de casas alinhadas com a luta antirracismo no Rio de Janeiro, constituindo esta uma tendência diferenciada.

Nesta mesma linha de ação política, a defesa da diversidade é também destacada neste contexto – respondendo por metade das ações deste tipo registradas no conjunto. Além disso, merece nota o investimento de esforços em ações pedagógicas de distintas ordens (*e.g.* educação de adultos, capacitação para o trabalho e preservação ambiental), que respondem por porcentagens elevadas, porém cujos números absolutos são demasiadamente baixos para permitir um aprofundamento destes argumentos (Tabela XX).

A distribuição dos tipos de agências por regiões permite perceber uma capacidade relativamente elevada das casas de axé mapeadas na região Leste e Norte da Baía de Guanabara de atuar como agentes de implementação de políticas públicas, embora sua distribuição acompanhe o perfil observado da distribuição de agências para o conjunto de casas pesquisadas (Tabela XXI). Este achado ganha maior significação quando analisado à luz das parcerias estabelecidas nesta região. A esse respeito, merece destaque a capacidade de articulação em rede das casas de axé com fundações, ONGs e outras formas de redes sociais, não necessariamente religiosas, o que responde por mais de um terço desta forma de parceria no conjunto das casas pesquisadas (Tabela XXII).

Aparentemente, nesta região as estruturas de axé instaladas encontram-se mais articuladas com outros "centros de referência" de lutas políticas, o que pode estar contribuindo para o fortalecimento mútuo das casas de axé e de outras redes organizadas no interior dos movimentos sociais. Esta hipótese se sustenta pelo fato de que ali também se observa a incidência de uma das maiores concentrações de casas de axé atuando como "cabeças de redes" (ARSS) (Tabela XXI).

Quanto ao seu tamanho, as casas mapeadas nesta região mantêm com o conjunto das casas pesquisadas uma forte correlação na sua distribuição, com prevalência de casas mantidas por uma média de 20 adeptos (Tabela XXIII).

No que se refere à abrangência das casas de axé da região Leste e Norte da Baía de Guanabara, merece destaque a relativamente baixa incidência de casas frequentadas por públicos entre 20 e 50 pessoas, acompanhada das porcentagens relativamente altas de casas frequentadas por públicos constituídos por mais de 200 pessoas. Estes achados falam de uma tendência a reunir casas de maior abrangência de público, embora cerca de 40% das casas ali mapeadas estejam dentro do perfil geral de público entre 50 e 100 pessoas (Tabela XXIV).

Quanto às datas de fundação, merece destaque a década de 1990, período durante o qual foram abertas mais de 20% das casas de axé da região (Tabela

XXV). Ali também surpreende o alto número de casas que atestam desconhecer a sua data de fundação, correspondendo a pouco menos do que 10%. Este dado pode remeter a casas mais longevas que ali estão, cujas histórias os atuais adeptos parecem conhecer limitadamente, ou não desejar revelar.

Estes achados corroboram a hipótese de que esteja ocorrendo na atualidade uma mudança de perfil do segmento religioso de matrizes africanas nesta região, indicando a necessidade de pesquisa localizada. Neste sentido, cabe lembrar que a casa que se reconhece como sendo a primeira de Umbanda do Brasil, localizada no bairro de Neves, município de São Gonçalo, foi demolida em novembro de 2011, sem que a mobilização de importantes representantes da Umbanda na esfera nacional tenha sido capaz de evitar a destruição da sua maior referência territorial (Dias, 2011).

Finalmente, no que se refere às pertenças religiosas, as porcentagens observadas na distribuição de denominações por regiões permite destacar uma presença surpreendentemente baixa de casas de Umbanda – menos de 10% –, acompanhada de uma incidência relativamente mais alta de casas com denominações híbridas (Tabela XXVI).

Mais uma vez, cabe lembrar que nesta região estão localizados os municípios de Niterói e São Gonçalo, tradicionais berços da Umbanda no Brasil e, por conseguinte, este achado corrobora a hipótese de que algum processo histórico esteja em curso, o que merece um estudo específico que permita aprofundar este conhecimento.

Baixada Fluminense (BFLU)

A Baixada Fluminense, na qual foram registradas 31,9% do total das ações sociais reportadas (Tabela XX), os esforços parecem estar concentrados no enfrentamento da pobreza (*e.g.* distribuição de alimentos, capacitação para o trabalho e oferta de serviços à população local), entendidos como caminhos para a garantia de direitos de cidadania, sendo este conceito utilizado repetidas vezes nas respostas ali obtidas.

Dado este perfil, no nosso entender, as ações sociais desenvolvidas pelas casas ali pesquisadas apontam no sentido do que anteriormente chamamos de "cuidado" enquanto uma categoria própria para o tratamento do trabalho social no campo religioso de matrizes africanas.

O exame da distribuição das ações sociais pelas regiões permite observar uma porcentagem relativamente baixa de ações que buscam afirmar os valores culturais da população negra (22,5%) – embora a sua frequência seja significativa –, bem como ações de proteção à diversidade, quando comparada com o peso percentual das ações sociais realizadas nesta região no quadro geral das casas pesquisadas (Tabela XX).

Este achado seria negativamente surpreendente não fosse o fato de que, nesta mesma região, o tema da luta por direitos humanos já esteja colocado na agenda das ações sociais desenvolvidas pelas suas casas de axé. Isso permite supor que, na Baixada Fluminense, a luta política pela igualdade racial já esteja apropriando novas formas de conceituação epistemológica e mobilização política, caminhando no sentido da busca por direitos, enquanto se mantêm ações que buscam ressignificar a diferença racial.

Na distribuição da variável "agência" pelas regiões da pesquisa, surpreende a porcentagem relativamente alta das casas de axé da Baixada Fluminense que optaram por não informar sobre ações sociais. Este aspecto limita o acesso ao conhecimento sobre suas formas de agência sociopolítica. No entanto, ainda assim é possível destacar uma atuação relativamente baixa das casas de axé em articulação com outras redes sociais de solidariedade, ou como agente único de ações solidárias, quando comparada a estas porcentagens na distribuição geral do conjunto das casas pesquisadas (Tabela XXI).

Por outro lado, quanto a seus parceiros, é possível destacar que as casas da Baixada Fluminense capitalizam quase um quarto do total das parcerias com o poder público estabelecidas pelo conjunto das casas pesquisadas (Tabela XXII). No entanto, estas parcerias não tornam as casas ali mapeadas relativamente mais atuantes como agentes de implementação de políticas públicas (Tabela XXI), como seria de se esperar. Este intrincado arranjo de ações sociais e parceiros parece apontar na direção de uma sustentação das suas agências sociopolíticas, mais nas lideranças religiosas (agentes com capacidade de ação), do que em estruturas instaladas que permitam estas ações.

Esta hipótese encontra suporte no exame do tamanho médio das casas ali mapeadas, cujas estruturas parecem ser relativamente medianas. Do ponto de vista do seu tamanho, as casas de axé da Baixada Fluminense mantêm uma marcada correlação com a distribuição observada no conjunto das casas pesquisadas, registrando mais de 40%, com uma média de 20 adeptos por casa (Tabela XXIII).

Adicionalmente, o exame da distribuição das abrangências pelas regiões corrobora a hipótese anterior, registrando uma porcentagem relativamente alta de casas que atestam não possuir frequentadores, ou seja: elas são fechadas (Tabela XXIV). Em resumo, pode-se argumentar no sentido de que as agências das casas de axé da Baixada Fluminense têm um marcado caráter de ação política, baseado na capacidade de ação das suas lideranças religiosas mais importantes – inclusive no diálogo com representações do poder público – cujo público beneficiário é a sua população local. Aparentemente, o conceito de "cuidado dos seus" aqui demonstra um marcado viés de atuação política.

Quanto às datas de fundação, a exemplo do que ocorre com a Zona Oeste do município do Rio de Janeiro, o exame da distribuição das datas de fundação pelas regiões visibiliza o peso da Baixada Fluminense na composição do perfil do conjunto das casas pesquisadas, posto que a sua distribuição contribui fortemente para a composição da distribuição geral. Neste conjunto, as décadas de 1990 e 2000 concentram um grande número de fundações de novas casas de axé, o que, na Baixada Fluminense, corresponde a exatos 50% das casas mapeadas (Tabela XXV).

Finalmente, no que se refere às pertenças religiosas, o exame da distribuição das denominações pelas regiões ilustra que a Baixada Fluminense mantém com a distribuição geral de denominações uma forte correlação, confirmando a pertença de Candomblé para a maioria absoluta das casas de axé daquela região (Tabela XXVI).

Região Serrana (RSER)

Na Região Serrana nada se pode dizer a respeito das ações sociais ali desenvolvidas, ou identificar tendências especializadas, posto que é muito pequeno o número de casas registradas em dois municípios daquela região – apenas duas casas, que correspondem a parcos 0,2% das casas pesquisadas (Tabela XX). Por esta razão, também não se pode dar notícias sobre os tipos de agência sociopolítica (Tabela XXI) ou sobre as parcerias estabelecidas pelas casas de axé ali mapeadas (Tabela XXII).

Quanto ao seu tamanho, no entanto, observa-se uma tendência de concentração em casas medianas, com menos de 30 adeptos cada uma, embora este dado sirva apenas como referência preliminar, dada a sua inexpressiva extensão em termos absolutos (Tabela XXIII). Esta tendência parece ser corroborada pelo fato de que, do ponto de vista da abrangência, observa-se uma concentração na faixa média de 60 frequentadores por casa de axé da região (Tabela XXIV).

Quanto às datas de fundação das casas ali mapeadas, percebe-se que estas ocorreram entre 1980 e 2000, o que se alinha com o que ocorre nas duas regiões geograficamente contíguas: a Baixada Fluminense e a Zona Norte da Baía de Guanabara, permitindo supor tratar-se de uma mesma tendência geograficamente circunscrita (Tabela XXV).

Finalmente, no que diz respeito a pertenças religiosas, o exame da distribuição de denominações por regiões fala de uma concentração absoluta de casas de Candomblé na Região Serrana, embora as frequências muitos baixas estejam, certamente, impactando este perfil (Tabela XXVI). Esta é, porém, uma tendência que não pode deixar de ser anotada.

Baixada Litorânea (BLIT)

O estudo da distribuição das ações sociais pelas regiões, no que tange à Baixada Litorânea, que contribui com 5,6% das ações sociais de todas as casas pesquisadas (Tabela XX), apresenta-se um quadro parecido com o da Zona Oeste do município do Rio de Janeiro, em termos das ações sociais desenvolvidas na região. Para além das prevalentes ações de combate à fome, ali as ênfases recaem sobre ações educativas, com foco nas crianças e adolescentes, e nas preocupações ambientais, centradas na questão da moradia. Vale lembrar que essas duas regiões (Baixada Litorânea e Zona Oeste do município do Rio de Janeiro) têm em comum o fato de corresponderem a áreas de crescimento urbano mais recente.

No entanto, quanto aos tipos de agências sociopolíticas mais recorrentes, as porcentagens encontradas diferem daquelas encontradas na Zona Oeste, embora a prevalência seja a mesma – ou seja, as casas atuam principalmente como agentes únicos de ações solidárias. Aqui merece destaque a participação relativamente alta em redes horizontais de solidariedade – não necessariamente religiosas –, bem como a marcada importância das ações solidárias empreendidas isoladamente pelas casas de axé (Tabela XXI).

A distribuição dos tipos de parcerias nesta região acompanha, sem especificidades relevantes, a distribuição de parceiros pelas regiões da pesquisa; porém merece menção especial a existência de parcerias com empresas, aspecto pouco comum neste segmento religioso (Tabela XXII).

Do ponto de vista do seu tamanho, as casas de axé da Baixada Litorânea guardam com o conjunto das casas pesquisadas uma forte correlação na sua distribuição – apresentando uma prevalência de quase a metade das casas mapeadas com média de 20 adeptos – sem especificidades a serem destacadas (Tabela XXIII).

No entanto, quanto à abrangência das casas ali mapeadas, a distribuição difere bastante do quadro geral do conjunto das casas pesquisadas, indicando uma concentração de casas bem menores, com média de 30 frequentadores e registro da existência de casas sem público externo de frequentadores (Tabela XXIV). A este respeito, esta região guarda semelhança com a Zona Sul do município do Rio de Janeiro.

No que se refere às datas de fundação das casas mapeadas, destaca-se a forte prevalência de abertura de novas casas a partir do ano 2000, o que corresponde a mais da metade das casas pesquisadas nesta região (Tabela XXV).

Este achado parece indicar que se trata de uma nova fronteira do processo de territorialização das casas de axé no Grande Rio, a exemplo do que ocorreu com a Zona Oeste do município do Rio de Janeiro uma década antes, constituindo este um tema que também merece pesquisa localizada.

Finalmente, quanto às pertenças religiosas, o exame da distribuição de denominações por regiões ilustra uma tendência importante de adensamento de casas de Umbanda nesta região, em detrimento do Candomblé (Tabela XXVI). Comparadas estas porcentagens com o perfil geral observado para o conjunto das casas pesquisadas, observa-se na Baixada Litorânea uma variação de cerca de dez pontos percentuais para mais para a Umbanda, e para menos para o Candomblé.

Estes achados certamente merecem um estudo específico, que permita descrever processos históricos em desenvolvimento e que, talvez, se relacionem com os achados relativos às denominações atualmente prevalentes na Zona Leste da Baía de Guanabara, que lhe é geograficamente contígua.

Sul Fluminense e Sul da Região Metropolitana (SFRM)

Na região de municípios agregados do Sul Fluminense e Sul da Região Metropolitana, que contribui com 5% das ações realizadas pelo conjunto das casas pesquisadas (Tabela XX), embora seja esta uma porcentagem muito pequena para permitir digressões, é possível identificar ao menos uma tendência extraordinária: a relativa ênfase das ações sociais em questões que dizem respeito às ações afirmativas para a população negra.

A este respeito, cabe ressaltar que o vale do rio Paraíba do Sul – que compreende boa parte desta região – é historicamente identificado com uma luta de resistência social sustentada por pertenças religiosas e tradições culturais afrodescendentes brasileiras.

> Na província do Rio de Janeiro há várias evidências sobre rumores de revoltas comandadas por cativos "chefes feiticeiros". Na própria Vassouras, em 1847, foi descoberta uma "sociedade secreta" de escravos que preparava um grande levante. Segundo consta, essa organização era dirigida por um "patrono negro" denominado *Kebanda* que tinha poderes espirituais. Em fins de 1858, chegaram notícias do município de São João do Príncipe[19] – também no vale do Paraíba fluminense – dando conta de haver um plano de revolta de uma extensa associação, a qual estaria "ramificada pela quase-totalidade da escravatura deste e dos vizinhos municípios" (Gomes, 2006: 208-209).

Neste contexto de "quilombismo" (Nascimento, 2002) histórico, essa tendência de ênfase em ações sociais desse tipo ratifica a articulação política das casas de axé da região com outras formas de lutas de resistência sociorracial.

A respeito dos tipos de agências mais recorrentes no Sul Fluminense, merece destaque certo isolamento, que se percebe através do entrecruzamento das variáveis "agência" e "regiões". Nesta distribuição, o valor superior a 60% de ações solidárias realizadas pelas casas de axé atuando como agentes únicos, somado à porcentagem abaixo da média de articulação com outras redes, e uma atuação levemente superior como "cabeça de rede" social (ARSS), parece indicar que as casas de axé desta região vêm atuando de forma isolada para realizar as suas ações sociais (Tabela XXI).

Posto que a ênfase das ações sociais ali realizadas esteja ligada à defesa do patrimônio cultural afrodescendente e à luta antirracismo, pode-se estabelecer uma hipótese de ordem política para este suposto "fechamento", porém esta ideia necessitaria de uma pesquisa especializada para que se possa aprofundar o seu conteúdo.

Além disso, merece destaque uma porcentagem relativamente alta de atuação dos membros e frequentadores das casas de axé enquanto parceiros na consecução das ações sociais realizadas nesta região, embora esta seja a prevalência em todo o conjunto (Tabela XXII). Este dado corrobora as considerações anteriores sobre isolamento.

---

[19] O antigo município de São João (Marcos) do Príncipe estava localizado entre os atuais municípios de Rio Claro e Passa Três, no Vale do Paraíba. Na década de 1940 ele foi despovoado e inundado na ampliação da represa de Ribeirão das Lages.

No que concerne ao tamanho das casas pesquisadas, pode-se destacar uma incidência relativamente alta de casas de axé com uma população média de adeptos maior do que 100 religiosos, o que fala da existência de algumas casas muito grandes nesta região. No entanto, em termos do perfil ali prevalente, o número médio de 20 adeptos por casa religiosa se confirma, a exemplo do que ocorre no conjunto das casas pesquisadas (Tabela XXIII).

Quanto às abrangências das casas de axé, novamente a distribuição no Sul Fluminense difere bastante da distribuição encontrada para o conjunto das casas pesquisadas, aproximando-se da distribuição observada para a Baixada Litorânea. Merece destaque o fato de que a maioria absoluta das casas mapeadas nesta região seja frequentada por menos de 100 pessoas. Além disso, ali também se registra a existência de casas sem frequentadores externos (Tabela XXIV).

A excepcional convergência de casas relativamente grandes (com muitos religiosos fixos) cuja abrangência é pequena (relativamente baixo número de frequentadores externos) com a existência de casas sem frequentadores externos somada a um alinhamento à luta antirracismo, aponta no sentido de ratificar o argumento do isolamento – neste caso, aparentemente voluntário. Tomado politicamente, este conjunto de evidências pode sugerir a existência de uma situação peculiar da experiência da luta de resistência social afrodescendente no Sul Fluminense.

Caso todas estas possibilidades se confirmassem, esta pesquisa estaria provendo uma evidência de que as casas de axé do Sul Fluminense cumprem ali o importante papel de núcleo de resistência social, além de revelar um mecanismo de funcionamento destas redes horizontais de solidariedade. Estes são aspectos que, certamente, merecem pesquisa de aprofundamento para que possamos falar de "processos de territorialização" do axé.

Quanto às datas de fundação das casas de axé, merece destaque a elevada porcentagem de casas fundadas na década de 2000 na região, que corresponde a quase 40% das casas ali mapeadas (Tabela XXV). Mais uma vez o perfil do Sul Fluminense se assemelha ao observado na Baixada Litorânea, embora também mereça nota a existência ali de casas mais longevas, com destaque para uma contribuição relevante desta região no quadro geral de casas abertas na década de 1960.

Finalmente, do ponto de vista das pertenças religiosas, o exame da distribuição das denominações por regiões ilustra que, mais uma vez, ali se observa algo parecido ao que ocorre na Baixada Litorânea: um desvio entre cinco e dez pontos percentuais do perfil da distribuição geral para mais, no caso da Umbanda, e para menos, para o Candomblé (Tabela XXVI).

REFERÊNCIAS

ASSOCIAÇÃO DOS PROFISSIONAIS DE SERVIÇO SOCIAL. *Website da APSS*. Disponível em: <http://apss.home.sapo.pt/Definicao.htm>. Acesso em 12/09/2012.

BRUNKHORST, Hauke. Ação e mediação. In: OUTHWAITE, William; BOTTOMORE, Tom; GILLNER, Ernest; NISBET, Robert e TOURAINE, Alan (Eds.). *Dicionário do pensamento social do século XX*. Editoria brasileira de Renato Lessa e Wanderley Guilherme dos Santos. Tradução de Eduardo Francisco Alves. Rio de Janeiro: Zahar Editores, 1996, p. 3-5.

BURITY, Joanildo. Organizações religiosas e ações sociais: entre as políticas públicas e a sociedade civil. *Revista Anthropológicas,* ano 11, 18(2), 2007, p. 7-48.

CASTELLS, Manuel. *O poder da identidade*. Tradução de Klauss Brandini Gehardt. São Paulo: Paz e Terra, 2000 [1999].

CONSELHO FEDERAL DE SERVIÇO SOCIAL – CFESS. A definição de trabalho social da FITS: Por que revisar? *Serviço Social e Sociedade*, São Paulo, n. 108, p. 733-747, out./dez. 2011. Disponível em: <http://www.cfess.org.br/arquivos/definicao-trabalho-social-fits-por-que-revisar.pdf>. Acesso em 12/09/2012.

_____. *Serviço Social e reflexões críticas sobre práticas terapêuticas*. Brasília, 2010. Disponível em: <http://www.cfess.org.br/arquivos/doc_CFESS_Terapias_e_SS_2010.pdf>. Acesso em 12/09/2012.

CONSELHO REGIONAL DE SERVIÇO SOCIAL DO RIO DE JANEIRO – CRESS/RJ. *Assistente Social. Quem é? O que faz?* (Panfleto). Rio de Janeiro, CRESS 7ª Região, 2008.

COSTA, Angela Maria Faria da. "Quilombos urbanos, segregação espacial e resistência em Porto Alegre/RS: uma análise a partir dos quilombos do areal e da Família Silva". *Revista Discente Expressões Geográficas*, n. 5, ano V, p. 154. Florianópolis, maio de 2009. Disponível em: <http://www.geograficas.cfh.ufsc.br/arquivo/ed05/tcc01ed05.pdf>. Acesso em 09/10/2012.

COVEZZI, Marienete. Resenha de SZTOMPKA, Piotr. *A história como produto humano: a teoria da agência*. Rio de Janeiro: Civilização Brasileira, 1998.

Disponível em: <http://cienciassociais.blogspot.com.br/2004/11/conceito-de-agncia-por-marienete.html>. Acesso em 21/03/2012.

DEMO, Pedro. *Cidadania tutelada e cidadania assistida*. Campinas: Autores Associados, 1995.

DIAS, Thamyres. Casa onde foi fundada a umbanda, em São Gonçalo, será demolida esta semana. *Extra*, 07/10/2011. Disponível em: <http://extra.globo.com/noticias/religiao-e-fe/casa-onde-foi-fundada-umbanda-em-sao--goncalo-se ra-demolida-esta-se mana-2682118.html#ixzz28jPPCOju>. Acesso em 08/10/2012.

DO RIO, João. *As religiões do Rio*. Apresentação João Carlos Rodrigues. Rio de Janeiro: José Olympio, 2006.

ESTATUTO DA IGUALDADE RACIAL – EIR. *Lei nº 12.288/2010*. Disponível em: <http://legislacao.planalto.gov.br/legisla/legislacao.nsf/Viw_Identificacao/lei%2012.288-2010?OpenDocument>. Acesso em 02/10/2012.

FONSECA, Denise. Discutindo os termos de uma equação de congruência: cultura e desenvolvimento sustentável. In: GOMES, Maria de Fátima Cabral Marques e PELEGRINO, Ana Izabel de Carvalho (Orgs.). *Política de habitação popular e trabalho social*. Rio de Janeiro: DP&A Editora, 2005, p. 115-128.

_____. (Org.) *Resistência e inclusão*. História, cultura, educação e cidadania afro-descendentes no Brasil e nos Estados Unidos. Rio de Janeiro: PUC--Rio; Consulado Geral dos Estados Unidos, 2003.

GUIMARÃES, Marco Antônio. Mãe-Criadeira: a construção do cuidado e do respeito pelo humano e pela vida nas tradições religiosas de matriz Africana. *Rede Nacional de Religiões Afro-Brasileiras e Saúde*, 2008. Disponível em: <http://religrafosaude.blogspot.com/2008/03/me-criadeira--reflexes.html>. Acesso em 12/09/2012.

HAESBAERT. R. *O mito da desterritorialização: do "fim dos territórios" à multiterritorialidade*. Rio de Janeiro: Bertrand Brasil, 2004.

_____. Da desterritorialização à multiterritorialidade. *Anais do X Encontro de Geógrafos da América Latina*. Universidade de São Paulo, 2005. p. 6774-6972. Disponível em: <http://www.planificacion.geoamerica.org/textos/haesbaert_multi.pdf>. Acesso em 08/10/2012.

_____. Dilema de conceitos: espaço-território e contenção territorial (Manuscrito). Publicado em: SAQUET, M. e SPOSITO, E. (Orgs.). *Territórios e territorialidades: teorias, processos e conflitos*. São Paulo: Expressão Popular, 2009.

LEI ORGÂNICA DA ASSISTÊNCIA SOCIAL – LOAS (1993). Brasília: MDS, 2007.

MULHOLAND, Caitlin e PIRES, Thula. *Cartilha para legalização de casas religiosas de matriz africana*. Rio de Janeiro: Departamento de Direito da PUC-Rio, SUPERDIR, 2012. Disponível em: <http://www.jur.PUC-Rio.br/pdf/CARTILHAimpressao.pdf>. Acesso em 12/09/2012.

NOVAES, Regina. Juventude e ação social no Rio de Janeiro: resultados de pesquisa. In: LANDIM, Leilah (Org.). *Ações em sociedade: militância, caridade, assistência etc*. Rio de Janeiro: Nau, 1998.

PRANDI, Reginaldo. *Os candomblés de São Paulo*. São Paulo: Editora Hucitec, 1991.

STEIN, Stanley J. *Vassouras: um município brasileiro do café, 1850-1900*. Rio de Janeiro: Editora Nova Fronteira, 1985.

"Intolerância religiosa": discriminação e cerceamento do exercício da liberdade religiosa

Sônia Maria Giacomini

APRESENTAÇÃO

Este capítulo é consagrado à análise dos relatos de manifestações e atos de discriminação sofridos por praticantes de religiões de matrizes africanas no Rio de Janeiro, e baseia-se nos dados coletados através de questionário (ver questionário da pesquisa nos Anexos), notadamente nas respostas à seguinte questão:

16 – A sua casa ou algum dos seus participantes/adeptos foi alvo de alguma forma de discriminação ou agressão por motivo religioso?
Sim ____ Não ____Especificar:

Antes de entrar na análise propriamente dita dos relatos obtidos através dessa pergunta, faz-se necessário trazer à baila algumas informações sobre o tratamento específico que, no processo de pesquisa, foi conferido à pergunta sobre discriminação e agressão em relação às demais questões do questionário. Como já foi tratado anteriormente na seção consagrada às considerações metodológicas (ver Introdução), e como seria de se esperar em um projeto de cartografia social, a quantidade e a natureza das questões incluídas no questionário foram objeto de ampla discussão e deliberação coletiva em sucessivos encontros da coordenação com o conselho de religiosos engajados na pesquisa, o *Conselho Griot*. Esse processo de discussão e a maneira como se desdobrou nas opções e terminologias adotadas no desenrolar da pesquisa retratam a importância e o lugar conferidos pelos religiosos do Conselho a cada uma das informações que se procurou obter através do questionário. De forma particular, deve ser destacada a especial relevância conferida à pergunta sobre discriminação religiosa.

De maneira geral, a tarefa de montagem do questionário se viu desde o início às voltas com um dilema que se revelou bastante significativo. Por um lado, como o ponto de partida consensual foi o do desconhecimento da efetiva magnitude, da diversidade e das especificidades do conjunto constituído pelas religiões de matrizes africanas, foi de início recorrentemente postulada a necessidade de o questionário abarcar uma grande gama de perguntas que permitiriam, de fato, conhecer de maneira mais ampla e efetiva as múltiplas dimensões desse universo que, sob várias perspectivas, sabia-se estar longe de ser homogêneo. Assim é que em uma das primeiras versões do questionário, numa inequívoca demonstração de fértil imaginação sociológica, o *Conselho Griot* chegou a formular mais de 50 perguntas. Não obstante o grande interesse e pertinência de todas as questões levantadas, que diziam respeito em sua maioria a peculiaridades das denominações de matrizes africanas, e às quais cada uma delas atribui importância significativa, impunha-se, por outro lado, não inviabilizar, por excesso de quesitos, a aplicação do questionário, instrumento fundamental do projeto de pesquisa. Ponderou-se então que, de fato, um questionário tão extenso e com tantas especificidades poderia dificultar a obtenção de respostas e, ainda, que colocaria em risco a obtenção daquelas informações que realmente interessavam para os objetivos de um mapeamento.

A solução encontrada foi a de reduzir drasticamente o tamanho e o número de perguntas. Tendo em vista a construção do banco de dados para a confecção do mapa das casas, priorizou-se a localização espacial e a identificação das denominações a partir de um número bastante restrito de especificações. Obteve-se então um questionário com 16 perguntas. A única pergunta que não se enquadrou diretamente nesses objetivos é justamente aquela à qual está dedicado este capítulo: as manifestações de discriminação ou agressão por motivo religioso sofridas pelos adeptos dos cultos de matrizes africanas.

Uma questão que se colocou foi a das razões para incluir uma questão sobre discriminação num projeto de identificação e localização espacial das casas religiosas. Essa questão, de fato, ocupou um lugar importante na discussão das lideranças do *Conselho Griot* sobre o projeto de mapeamento, pois era reconhecida por muitos como estratégica para identificar e conformar o universo denominado "casas religiosas de matrizes africanas". Frente à fragmentação de um campo religioso complexo e sob diversos aspectos pouco homogêneo, o fato mesmo de serem os vários subgrupos alvo de agressão e de discriminação e, além disso, de se reunirem e se organizarem com vistas a objetivos comuns, apareceu, desde o início, como fator que opera como um mecanismo de autorreconhecimento e, em consequência, poderoso fator de unidade, servindo, junto com outros marcadores, para o delineamento de seus contornos.

O registro das ações consideradas discriminatórias permite dialogar com a localização das casas, sublinhando, reforçando e às vezes ampliando os marcos e as referências que as identificam espacialmente, para além de seus limites físicos. Foi possível registrar certas áreas em que a vivência religiosa afro-brasileira, a despeito do fato de vigir entre nós o princípio da liberdade religiosa, não ocorre sem visíveis constrangimentos.

O princípio da liberdade religiosa, o caráter laico e a igualdade das religiões perante a lei foram amplamente evocados durante todas as discussões como garantias da diversidade religiosa e elementos inseparáveis do que hoje se entende por democracia. Ao mesmo tempo, esteve sempre presente a convicção de que o projeto era, e é, parte de uma luta mais ampla pelos direitos humanos, uma vez que o artigo 18 da Declaração Universal dos Direitos Humanos (ONU, 1948) declara que:

> Toda pessoa tem direito à liberdade de pensamento, de consciência e de religião; este direito implica a liberdade de mudar de religião ou de convicção, assim como a liberdade de manifestar a religião ou convicção, sozinho ou em comum, tanto em público como em privado, pelo ensino, pela prática, pelo culto e pelos ritos.

INTOLERÂNCIA OU DISCRIMINAÇÃO?

Outra questão fundamental tratada nas fases iniciais da pesquisa, como já referido anteriormente, foi a da escolha dos termos e categorias a serem utilizados no questionário. Embora a elaboração de todas as perguntas do questionário tenham ensejado uma rica troca de opiniões e importantes consensos e dissensos, que não devem ser menosprezados, a discussão em torno da pergunta número 16 levantou um corpo de problemas que, de certa maneira, ensejou certo realinhamento do Conselho frente ao que seriam os objetivos do projeto e sobre como alcançá-los. Por essa razão, o teor das discussões travadas no âmbito do *Conselho Griot* merece uma maior explicitação, tornando mais claros os motivos que levaram a que o termo "intolerância", inicialmente utilizado, fosse abandonado.

Certamente que é desnecessário insistir sobre a natureza política da discussão travada em torno da terminologia a ser adotada, sobretudo no que concerne justamente à pergunta através da qual se buscou identificar quais as ações e práticas que tolhem ou dificultam aquilo que é considerado um direito: o livre exercício da vida religiosa.

O termo "intolerância religiosa", de fato, é bastante familiar aos integrantes do *Conselho Griot*. Comparece abundantemente nas discussões e na literatura sobre religiosidade e liberdade religiosa,[20] com a qual muitos desses religiosos estão frequentemente em contato. Além disso, o termo também nomeia uma articulação da qual participam ativamente vários integrantes do *Conselho Griot*: a Comissão de Combate à Intolerância Religiosa.[21]

O argumento levantado por lideranças do Conselho contra o uso do termo foi o de que o que reivindicavam não era propriamente "tolerância" para suas convicções e práticas religiosas, mas antes que sua religião e fé fossem consideradas dignas de "respeito". Essa posição crítica por parte desses líderes religiosos quanto às limitações e ambiguidades do que se entende por tolerância, embora não seja hegemônica no debate atual, não deve ser vista em absoluto como uma posição recente ou mesmo solitária. Como nos lembra Mariano (2007: 125), tal crítica pode ser encontrada em Goeth e que, numa terminologia bastante similar à de nossos conselheiros, "considerava injurioso tolerar alguém e achava que a verdadeira virtude estava em reconhecer e respeitar o outro" (Yavetz apud Mariano, 2007: 125).

A opção pelo emprego de "discriminação", em lugar de "intolerância", para nomear e qualificar as ações sofridas pelas casas religiosas de matrizes africanas, parece encontrar apoio em um argumento crítico desenvolvido por Mariano (2007), e que chama justamente a atenção para o fato de que "tolerar" uma religião pode perfeitamente conviver com a "discriminação" dessa mesma religião ou prática religiosa. Mesmo num contexto de liberdade religiosa, isto é, que pressupõe as liberdades de culto, de crença, de pensamento e de expressão, liberdades fundamentais para o exercício da

---

[20] Entre essa literatura destacam-se em especial duas coletâneas: *Intolerância religiosa X Democracia* (Esteves Filho e Santos, 2009) *Intolerância Religiosa: impactos do neopentecostalismo no campo religioso afro-brasileiro* (Silva, 2007).
[21] Criada em 2008, a Comissão de Combate à Intolerância Religiosa — CCIR- foi composta inicialmente por umbandistas e candomblecistas, aos quais em seguida se juntaram espíritas, judeus, católicos, muçulmanos, malês, baha'ís, evangélicos, Hare Krishnas, budistas, ciganos, wiccanos, seguidores do Santo Daime, evangélicos, ateus e agnósticos. Um ano antes da criação dessa comissão, através da Lei nº 11.635, foi oficializado o 21 de janeiro como sendo o Dia Nacional de Combate à Intolerância Religiosa. A data homenageia a sacerdotisa Gildásia dos Santos e Santos, a Mãe Gilda. *Ialorixá* do terreiro *Axé Abassá de Ogum*, em Salvador, Mãe Gilda morreu de enfarte, após ver sua foto publicada no jornal de uma igreja evangélica, acompanhada de texto depreciativo. A CCIR tem como propósito "lutar pela liberdade religiosa e pela garantia de um Estado laico, onde cada cidadão tenha o direito efetivo de professar a sua fé livremente". Disponível em: <http://www.generoracaetnia.org.br/sala-de-imprensa/calendario/item/457-21/01-dia-nacional-de-combate-a-intoler%C3%A2ncia-religiosa.html>. Acesso em 10/12/2012.

democracia, a noção de "tolerância" sempre carrega em seu âmago um sentido de superioridade que, ainda que num contexto de valorização das diferenças, termina, de alguma forma, por deixar espaço para hierarquias e formas de inferiorização e mesmo, em certos contextos, de discriminação do Outro. Como salientou Norberto Bobbio, a tolerância religiosa envolve simultaneamente vários reconhecimentos: o "reconhecimento do igual direito a conviver, que é reconhecido a doutrinas opostas", mas também "o reconhecimento, por parte de quem se considera depositário da verdade, do direito ao erro, pelo menos ao erro de boa-fé" (1992: 213). Tolerar seria, portanto, por parte "de quem se considera depositário da verdade", da concessão ao Outro religioso do "direito ao erro" (e não a si próprio). Em outras palavras, tolerar seria reconhecer nesse Outro a possibilidade e o direito ao "erro de boa-fé". Intolerância, portanto, seria o não reconhecimento desses direitos. Segundo Bobbio, na base das práticas de intolerância estaria justamente a crença que religiosos possuem de serem portadores da única verdade e, consequentemente, de serem incumbidos por Deus de impor suas convicções.

Dessa forma, por conceder ao Outro apenas o direito de conviver, assim como de errar sem ser de má-fé, a tolerância não se apresentaria, pois, como garantia da não discriminação, podendo, ao contrário, coexistir com ela. Por essas visíveis limitações frente ao que procurava-se identificar nesta pesquisa, "intolerância" foi substituída por "discriminação".[22] Além disso, comparado ao primeiro termo, sinônimo de suportar ou aceitar um Outro que se "tolera", o verbo discriminar assinala antes a produção e a realização de uma ação do que a inibição ou a contenção da ação contrária àquela. Assim sendo, enquanto a intolerância pressupõe sempre uma certa superioridade daquele que não tolera um Outro ou uma crença, a expressão "discriminação", ao contrário, teria a vantagem de indicar um sujeito que empreende um ato de violência, mesmo que simbólico, e que, portan-

---

[22] Para uma distinção entre discriminação e intolerância, ver também Mariano (2007: 124). Para uma reflexão sobre a tolerância tal como concebida no contexto da sociologia urbana de Chicago, ver Vainer (1998), onde se lê: "Tolerância, nesse contexto, não é interesse ativo pelo outro: antes, é seu contrário, ou seja, indiferença. Isto é, dito de forma explícita, as grandes cidades, e as cidades americanas em primeiro lugar, "são formadas de uma gama heterogênea de povos e culturas, de modos de vida altamente diferenciados entre os quais há apenas um mínimo de comunicação, a maior das indiferenças e a maior tolerância (Wirth, 1973: 108). Entende-se, por aí, que as cidades norte-americanas tenham se afirmado, neste sentido, simultaneamente como cidades tolerantes e segregadas, onde a discriminação assumia, até recentemente, formatos legais e institucionais.

to, é passível de ser identificado e mesmo responsabilizado por esse ato. Também, portanto, pela vantagem que apresenta para a identificação e a definição dos sujeitos da ação discriminatória, o termo discriminação foi considerado mais adequado.

Uma vez minimamente contextualizado o processo que culminou com a preparação do questionário e a definição da terminologia utilizada, é possível passar à análise propriamente dita dos episódios de discriminação relatados.

Não obstante as pretendidas objetividade, simplicidade e unicidade da pergunta, chamou a atenção desde a compilação dos primeiros resultados a profusão e a diversidade de informações fornecidas pela maioria dos relatos. Por essa razão, e procurando levar em conta os aspectos enfatizados pelos informantes, procedeu-se a uma classificação do material em cinco itens, referentes aos principais aspectos relatados, sendo então analisadas as recorrências das ações informadas.

A maioria dos relatos, como será mostrado a seguir, identificou as instituições e os espaços urbanos que foram associados ou responsabilizados pela emergência das ações discriminatórias. Esse conjunto constituiu um material muito rico sobre a discriminação sofrida pelas religiões e pelos religiosos de matrizes africanas no Rio de Janeiro. À análise desse material serão dedicadas as próximas seções deste capítulo.

OS RELATOS DE DISCRIMINAÇÃO: LOCALIZANDO AS AÇÕES DISCRIMINATÓRIAS

Um dado bastante significativo é que das 840 casas que responderam à questão específica sobre discriminação, mais da metade informou ter sido alvo de alguma ação qualificada como "discriminação ou agressão por motivo religioso".

Dos 847 questionários que compõem o universo da pesquisa, 7 foram respondidos numa fase de teste, em que ainda não havia sido incorporada ao questionário a questão 16, que versa sobre discriminação e agressão. Por essa razão, no que se refere ao Quadro I, que trata especificamente dessa questão, optou-se por excluir do universo esses 7 questionários. Para as demais questões analisadas manteve-se o universo de 847 questionários, que correspondem ao mesmo número de casas pesquisadas.

Figura 1
Total de casas de religião afro-brasileira segundo autodeclaração como alvo de ação de discriminação e/ou agressão

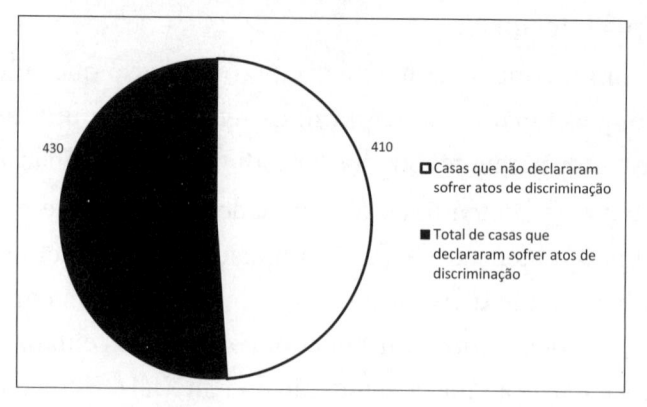

430 — ☐ Casas que não declararam sofrer atos de discriminação

410 — ■ Total de casas que declararam sofrer atos de discriminação

Fonte: Elaboração própria, a partir de dados da pesquisa que originou este livro (PUC-Rio/SEPPIR-PR, 2011).

Com o objetivo de melhor identificar os aspectos mais recorrentes das ações relatadas foram selecionados cinco tópicos para análise:

1) local do ato de agressão/discriminação;
2) alvo ou vítimas;
3) agressores;
4) forma da agressão; e
5) consequências das ações.

Cada um desses tópicos, seguindo a ordem crescente sequencial de classificação adotada, será analisado separadamente, a seguir.

Grande parte dos respondentes que assinalaram terem sofrido alguma agressão e/ou ato discriminatório não se limitaram a assinalar com um X a opção afirmativa. Muito pelo contrário, revelaram uma série de dados, em particular a localização espacial e a identificação institucional dos eventos. Houve questionários em que as respostas indicam mais de um episódio de agressão e/ou discriminação, razão pela qual o número de relatos de agressão e/ou discriminação é, às vezes, superior ao do universo.

Local do ato de agressão/discriminação

No que diz respeito ao local de ocorrência, os relatos foram agrupados como tendo ocorrido em locais públicos, espaços privados ou outros, com o objetivo de investigar se haveria ou não uma mesma incidência dessas manifestações em cada um desses espaços.

O resultado da análise da distribuição dos casos segundo sua ocorrência em locais públicos, privados e outros foi bastante revelador: os locais públicos concentram a maioria dos atos de agressão e/ou discriminação – 225 em um total de 393 casos –, isto é, em locais públicos ocorreram mais de 57% dos atos discriminatórios informados. Em número bem menor, quase a metade dos casos em locais públicos, a ocorrência em locais privados comparece com 135 casos, cerca de um terço do total.

Um dado significativo é quanto à importância que foi conferida nesses relatos à localização espacial onde ocorreu a agressão/discriminação. Não chegam a 10% os relatos que não mencionaram o local, o que sugere que a localização espacial, a despeito do fato de não ter sido diretamente perguntada, mereceu uma atenção especial por parte dos respondentes. Salta aos olhos a ênfase no local, quando comparado, por exemplo, ao tempo: os relatos que registram as datas estão restritos em geral ao pequeno número de casos que tiveram desdobramento posterior em ações judiciais ou que ficaram registrados em matérias de jornal.

Outro aspecto peculiar da localização das agressões pode ser observado através da forma como os casos relatados se distribuíram entre os diferentes locais públicos mencionados. É na rua, na via pública, que mais frequentemente ocorreram as agressões e discriminações: mais de dois terços – 67% – de todos os atos de agressão ou discriminação contra as religiões de matrizes africanas relatados.

Pelo que indicam os relatos, se a rua é um local de forte concentração dos atos de agressão e de discriminação, esses não se distribuem, porém, de maneira homogênea entre as ruas da cidade. Os cruzamentos com os endereços das casas religiosas (ver item 4 do questionário da pesquisa, em Anexos) permitem afirmar que as ruas em que ocorreram os atos de agressão e de discriminação encontram-se geralmente muito próximas a uma casa religiosa. De fato, parece haver mesmo uma ordem crescente de incidência dos casos relatados conforme se esteja mais próximo da casa religiosa, que constitui como que um centro em torno do qual estão dispostas as ações relatadas. Dessa forma, a própria rua da casa de culto, assim como as ruas vizinhas (sobretudo as encruzilhadas), mas também a praça e cemitérios, avultam como lugares de forte incidência de casos, fazendo desse conjunto composto pela vizinhança espacial imediata da casa religiosa ou terreiro os locais privilegiados das ações agressivas e discriminatórias relatadas.

A concentração dos atos de agressão e discriminação em espaço próximo à casa religiosa – na rua, no entorno da casa, no próprio bairro – é um elemento que merece ser destacado, pois tem particular interferência na vivência religiosa dos fiéis, em razão de especificidades das denominações de matrizes africanas. Como é amplamente sabido, grande parte dos rituais que constituem o exercício regular da vida religiosa dos adeptos das religiões afro-brasileiras, diferentemente do que preconizam outras religiões, envolvem a utilização de certos espaços e locais que transcendem as fronteiras e muros do espaço religioso propriamente dito – no caso, o terreiro. Nesse sentido, é importante destacar que para os religiosos afro-brasileiros a utilização ritual de locais como a rua, encruzilhadas, cemitérios, matas, cachoeiras e outros não diz simplesmente respeito a uma escolha pessoal do adepto ou a um simples capricho, mas, ao contrário, revela-se absolutamente fundamental para a realização adequada de certas obrigações e preceitos religiosos. Ora, o que indicam os relatos das agressões e manifestações de discriminação coletados pela pesquisa é que são justamente nesses locais públicos, notadamente na rua, que as ações agressivas e discriminatórias e as reações intolerantes se multiplicam e, dessa forma, é o que – denunciam os relatos –, vem cerceando, quando não inviabilizando a realização de obrigações religiosas.

Também compareçem entre os relatos de atos discriminatórios outros locais e instituições públicas que, na maioria dos casos, estão situadas no próprio bairro em que se situa a casa ou em áreas próximas: escolas, lojas, parques, praças, terrenos baldios, cemitérios, hospitais, postos de saúde, posto policial, empresas, prefeitura, estação de trem. O transporte público também é referido como um local em que adeptos da religião são discriminados, geralmente quando se encontram paramentados por conta de preceitos religiosos. De forma recorrente os relatos mencionam que a identificação do adepto do culto afro-brasileiro pelo agressor/discriminador ocorre através da vestimenta, do porte de símbolos religiosos, assim como de algumas peças da indumentária como o torso na cabeça e, notadamente, do uso ritual de determinados espaços exteriores ao terreiro.

Grande parte dos relatos preocupa-se em explicitar o motivo de natureza religiosa por parte da agressão sofrida. Está provavelmente ligada a essa preocupação o cuidado em descrever onde o agredido estava, que roupa portava, o que fazia. Conforme os relatos, geralmente o adepto é identificado pelo agressor pelo contexto ritual, normalmente em espaços públicos, mas também por estar próximo ou frequentar determinado lugar identificado como terreiro. Outra forma de identificação dos adeptos que foi frequentemente reportada foi o uso de certos símbolos na vestimenta e/ou de adereços e marcas corporais comumente associadas ao *ethos* religioso afro-brasileiro. Esse é o caso, por exemplo, de adeptos cujos relatos informam terem sido agredidos e/ou discriminados em contextos outros que os dos rituais, quando se encontravam em locais como transportes públicos, ambientes de trabalho, escolares, comerciais e outros, todos não diretamente associados à vida religiosa.

Além da rua (67%), e em ordem decrescente de número de ocorrências, as manifestações discriminatórias ocorreram em transportes coletivos (ônibus, trem, barca) com 6% dos casos; escolas e colégios com 5,3% dos casos; matas e beiras de cachoeiras ou locais de trabalho, com cerca de 3% dos casos cada um.

Também referidos como locais da agressão ou discriminação, mas em proporções inferiores a 2%, foram mencionados cemitérios, meios de comunicação – jornal, rádio, internet, hospitais, locais de culto de outras religiões, tais como a Igreja Católica e igrejas evangélicas –, supermercados e outras instituições públicas como fóruns.

Os tipos de alvo ou de vítima

Os atos de agressão e de discriminação, como já observado, se situam em sua maioria bastante próximos à casa religiosa. Esta, porém, não constitui o alvo mais recorrente. Quase um terço dos casos de agressão relatados (29%) tiveram diretamente a casa religiosa como alvo, mas foram sobretudo os seus adeptos (60%), e não as casas, os alvos privilegiados das agressões.

Esse fato ganha especial significação se for levado em conta que grande parte das casas religiosas de matrizes africanas não são exclusivamente locais de culto, mas são também, simultaneamente, locais de moradia. Nessas casas ou terreiros geralmente vivem não somente a/o chefe religiosa(o) e sua família biológica, mas também, ao menos, uma parte dos adeptos da casa. Por essa razão, os terreiros desafiam muitas das classificações e distinções tradicionais, entre elas aquela entre público e privado, sobretudo em um universo em que há um baixo índice de legalização das casas em sua dimensão de culto religioso. No que diz respeito ao tema específico que aqui nos interessa, que é a identificação das agressões sofridas pelos adeptos das religiões de matrizes africanas, torna-se difícil e mesmo inútil tentar discernir se as agressões sofridas visavam o morador da casa, o adepto do culto, a casa familiar ou o terreiro, uma vez que estes são inseparáveis e confluem todos numa unidade que é característica desta forma de vida social e religiosa.[23]

Cerca de 75% das ações de intolerância que não ocorreram em locais públicos tiveram a casa de culto como alvo. Dessa forma, seja por apedrejamento, invasão, destruição de imagens de culto ou por pichação da fachada, acusação de venda de tóxicos ou de manter menores em cárcere privado, ameaça de expulsão ou perseguição de proprietário do imóvel, assim como por ser xingada e mal falada, a casa de culto geralmente está longe de gozar de uma rotina tranquila.

Os tipos de agressores

Os agressores e/ou discriminadores informados nos relatos foram agrupados em quatro categorias, sendo que três delas mantêm a terminologia utilizada pelos respondentes e a última procurou reunir na categoria "outros" vários agressores com menor incidência de casos. Vejamos de perto cada uma dessas categorias.

A designação "evangélico" soma 32% dos casos, comparecendo, portanto, em primeiro lugar entre os protagonistas dos atos de agressão e/ou discriminação. Essa primeira categoria é seguida de perto por "vizinho", com uma participação de 27%. Uma outra categoria, a de "vizinho evangélico", parece ser menos uma terceira categoria do que um reforço ou redundância das duas anteriores, informando haver a coincidência dessas duas condições – a de evangélico e a de vizinho – em cerca de 7% dos casos de agressores informados.[24] Outros tipos de agressores comparecem em cerca de 30% do total de casos.

---

[23] Nesse sentido, ver Santos (2007), que define o "terreiro" como "um espaço onde se organiza uma comunidade – cujos integrantes podem ou não habitá-la permanentemente – no qual são transferidos e recriados os conteúdos específicos que caracterizam a religião tradicional negro-africana. Nele encontram-se todas as representações materiais e simbólicas do *àiyé* – a humanidade e tudo o que é vida – e do *órun* – os espaços sobrenaturais e os habitantes do além – e dos elementos que os relacionam. O *àse* – princípio vital – impulsiona a prática litúrgica que, por sua vez, o realimenta, pondo todo o sistema em movimento" (2007: 37-38).

[24] Cerca de 40 casos não especificaram quem empreendeu a agressão ou o ato discriminatório.

Nessa última categoria, a de "outros agressores e/ou discriminadores", destacam-se relatos mencionando tanto as esferas da vida familiar, escolar e profissional, quanto a vida religiosa. Referidos ao contexto escolar e correspondendo a 4% do total de casos em que o agressor foi informado, são mencionados professor, colega ou colegas de turma, assim como funcionário e diretor da escola ou do colégio. Os agressores em ambiente de trabalho somam 3% dos casos e identificam, tanto pessoas em posições superiores na hierarquia da empresa, como dirigentes e diretores, quanto aqueles que seriam os pares ou colegas de trabalho, isto é, situados numa mesma posição. A mesma porcentagem de 3% dos casos de agressor informado apontam também outros religiosos que não os evangélicos como agressores e/ou protagonistas de atos intolerantes: católicos, judeus, testemunhas de Jeová etc. Policiais foram mencionados em 1% dos casos e dentista, segurança, taxista, comerciante em cerca de 2% dos casos relatados.

Somando-se as três categorias "evangélico", "vizinho" e "vizinho evangélico", obtém-se a grande maioria (66%) de todos os casos de agressão e discriminação em que o agressor foi informado. Chama a atenção nesses dados não somente a grande concentração nessas categorias, mas também o forte vínculo existente (estabelecido) entre elas, pois "vizinho evangélico" consiste *ipsis literis*, de fato, numa reiteração ou combinação das duas anteriores. Enquanto a designação "evangélico" sinaliza uma evidente identificação de ordem religiosa, "vizinho" evoca sobretudo uma referência espacial, sinalizando contiguidade. A combinação de ambas as anteriores, assim como a concentração nessas três categorias reforça, portanto, a percepção da existência de um agressor típico: esse agressor teria, em princípio, não somente uma adesão religiosa específica, mas e/ou também estaria situado espacialmente bastante próximo da casa religiosa ou terreiro. O agressor mais frequente não é, por oposição, alguém afastado, distanciado no espaço, mas alguém que está próximo e que, por isso mesmo, pode, ainda que não queira, acompanhar as idas e vindas dos adeptos, as atividades da casa. Essa contiguidade faz com que ruídos, cheiros, movimentos de pessoas sempre possam denunciar – certamente que para quem conhece os códigos – a realização de rituais e celebrações das casas religiosas de matrizes africanas.

A análise dos tipos de agressores e de agressões confirma algumas das características encontradas na análise da localização das ações, sobretudo quanto à maior frequência de eventos próximos da casa. Além dos agressores mencionados, ainda que em número bem mais reduzido, também aparecem nos relatos outros agentes: professores, empregadores, policiais, outros religiosos, funcionários públicos, bancários, dentistas, familiares, ex-adeptos da religião, amigos de adeptos e outros. Diferentemente dos evangélicos, que, segundo os relatos, geralmente agem em grupo, os demais agentes agressores referidos desenvolveram a ação individualmente, o que constitui certamente uma característica que deverá posteriormente ser melhor analisada.

Ao procurar identificar características dos agressores para além daquelas já referidas, buscou-se indagar sobre diferenças de gênero e de geração eventualmente apontadas nos relatos, se haveria ou não diferenças significativas de geração ou entre homens e mulheres entre os protagonistas das agressões e atos discriminatórios contra as religiões de matrizes africanas e seus adeptos.

Os relatos mencionaram muito raramente a idade dos agressores, o que embora constitua por si só um dado significativo, inviabilizou, no entanto, que fosse levada adiante a análise desse aspecto específico. Já a informação sobre o gênero do agressor compareceu em cerca de um terço dos relatos, permitindo identificar uma relação de um para dois entre mulheres e homens, isto é, a cada mulher agressora correspondem dois homens agressores.

Quanto ao gênero das pessoas reportadas como alvo de agressão, informação mais recorrente do que no caso dos agressores, compareceu em mais da metade dos relatos. A análise da composição de gênero entre os alvos de agressão e discriminação, assim como a dos agressores, revelou-se também bastante significativa, mas em sentido inverso: há entre os alvos das agressões quase duas mulheres para cada homem, isto é, a cada três vítimas de agressão ou ato discriminatório contra as religiões de matrizes africanas, uma é homem e duas são mulheres. Este dado parece ser particularmente significativo, uma vez que as religiões de matrizes africanas, e o Candomblé em particular, não somente congregam número significativo de mulheres como adeptas, mas são conhecidas justamente por incluir as mulheres em posições de autoridade religiosa, de destaque e poder conferidos pelo contato direto com o sagrado.[25]

Os tipos de agressão

Entre as formas de agressão tem absoluto destaque a agressão verbal, que corresponde a quase 70% das ações especificadas. Os termos mais utilizados foram "macumbeira/o", "filho/a do demônio", geralmente proferidos pessoalmente

---

[25] Para a composição por gênero das lideranças das casas religiosas presentes no universo pesquisado, ver Figura 2, p. 126.

pelo agressor em contato face a face, mas também registrados em pichações nos muros das casas e na vizinhança e, em alguns casos, veiculados em *sites* na internet e em publicações. A principal forma de agressão física (cerca de 21%) ocorreu durante a realização de rituais em espaços públicos, envolvendo invariavelmente a interrupção e/ou suspensão das atividades de culto.

As consequências das ações agressivas e dos atos intolerantes

Um aspecto importante também enfocado nos relatos foi o registro dos tipos de ação desenvolvidas em decorrência das ações discriminatórias ou intolerantes. Dos 430 episódios de intolerância relatados, menos de 15% dos casos levaram a ações judiciais e denúncias em delegacias e organismos públicos (58 casos). Entre esses casos encontram-se certas ações que podem ser entendidas como reação às ações discriminatórias ou intolerantes sofridas. Essas ações foram, em geral, movidas por iniciativa de religiosos e adeptos dos cultos afro-brasileiros contra pastores evangélicos, invasores, prefeituras, escolas, ex-adeptos, familiares e outros. Outras ações judiciais e denúncias em delegacias e postos policiais foram relatadas como sendo uma forma de agressão ou perseguição às religiões de matrizes africanas, entendidas essas ações como mais uma forma de manifestação de discriminação por parte de pastores, vizinhos evangélicos, policiais e algumas igrejas neopentecostais.

Discriminação e liderança feminina, número de adeptos e de frequentadores e situação legal da casa

Com o objetivo de desenvolver um pouco mais a análise das discriminações relatadas, procedeu-se ao cruzamento dos relatos de discriminação com outras informações respondidas através do questionário, como o gênero da liderança da casa, a idade da casa, o número de frequentadores, se a casa possui alvará e se é filiada a federação ou a outra associação. Os objetivos perseguidos foram, por um lado, conhecer eventuais características das casas mais visadas por ações discriminatórias e, eventualmente, construir um perfil das casas mais afetadas. Por outro lado, esses cruzamentos também procuraram interrogar se entre as casas que declararam não terem sido afetadas pela discriminação haveria atributos ou qualidades comuns, isto é, procurou-se também identificar nos dados referentes às casas não discriminadas a existência de eventuais fatores inibidores ou que parecem funcionar de alguma maneira como proteção contra a discriminação.

Os atos discriminatórios e o gênero da liderança

Como é amplamente conhecido, as religiões de matrizes africanas no Brasil apresentam tradicionalmente um grande número de mulheres em posições de autoridade e liderança, chegando em algumas denominações a serem mesmo a maioria entre os líderes religiosos.[26] A participação de homens e mulheres na liderança religiosa das denominações de matrizes africanas na amostra analisada reforça essa característica, sendo bastante próxima da equidade de gênero, correspondendo as mulheres a cerca de 48% do total de casas.

Figura 2
Número de homens e mulheres líderes de casas religiosas

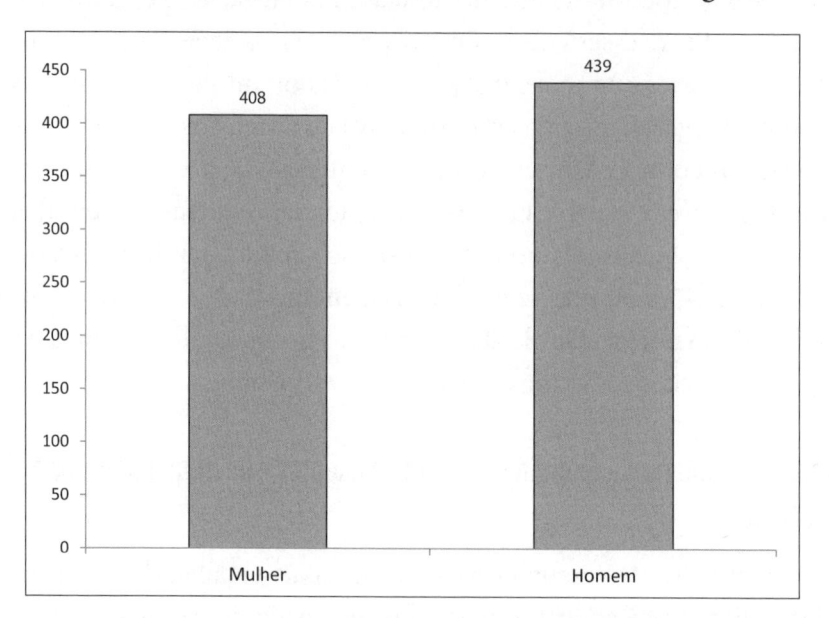

	Mulher	Homem
	408	439

Fonte: Elaboração própria, a partir de dados da pesquisa que originou este livro (PUC-Rio/SEPPIR-PR, 2011).

Essa forte presença feminina entre os líderes religiosos afro-brasileiros constitui, sem dúvida, uma das características que as distinguem fortemente das religiões majoritariamente presentes no Brasil em que, invariavelmente, a chefia religiosa é preponderante, quando não exclusivamente, masculina. Por essa razão, pelo fato de as religiões de matrizes africanas apresentarem uma participação feminina que em alguns casos quase chega a inverter a predominância de gênero mais comum na cúpula da maioria das religiões na sociedade

---

[26] Ver, a esse respeito, o clássico livro de Landes (2002) sobre as mães-de-santo do candomblé em Salvador, escrito ao final dos anos 30 do século passado e que tem o sugestivo título *A cidade das mulheres*.

brasileira, procurou-se verificar se a liderança feminina estaria ou não associada à incidência dos atos discriminatórios.[27]

O que nossos dados permitiram verificar a respeito do cruzamento entre gênero da liderança e os casos de discriminação sofridos é que a composição de gênero existente entre as casas que sofreram discriminação e aquelas que não sofreram é exatamente a mesma: 48% de mulheres e 51% de homens. O gênero da liderança da casa, ao menos o da liderança principal,[28] não parece ter influência significativa na incidência de casos de discriminação.

Figura 3
Notificação de casos de discriminação por gênero da liderança

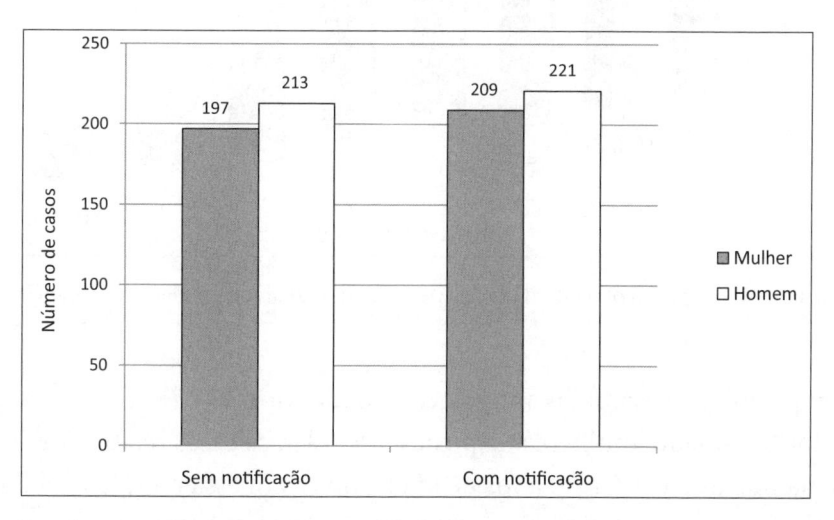

	Sem notificação	Com notificação
Mulher	197	209
Homem	213	221

Fonte: Elaboração própria, a partir de dados da pesquisa que originou este livro (PUC-Rio/SEPPIR-PR, 2011).

Os dados coletados também permitiram identificar uma mudança na composição de gênero na liderança das casas. Como os dados coletados pela pesquisa informam tanto o gênero da liderança, quanto a idade da casa,[29] foi possível verificar algumas eventuais mudanças ocorridas no período de 78 anos que separam na nossa amostra as casas mais antigas daquelas mais recentes. Esses dados permitiram acompanhar os fluxos no decorrer do tempo.

---

[27] A hipótese de que as casas com liderança feminina poderiam ser mais visadas e/ou penalizadas pelos atos intolerantes relatados foi sugerida com base nos dados da própria pesquisa, que, conforme já mencionado anteriormente, apontaram as mulheres como os principais alvos das ações intolerantes.
[28] Nas casas religiosas, sobretudo no Candomblé, há a figura do *Ogã*, a quem corresponde uma série de funções e tarefas relacionadas à representação da casa e contatos com o mundo exterior ao terreiro.
[29] As idades mencionadas têm como referência os anos de 2010 e 2011, quando foram respondidos os questionários.

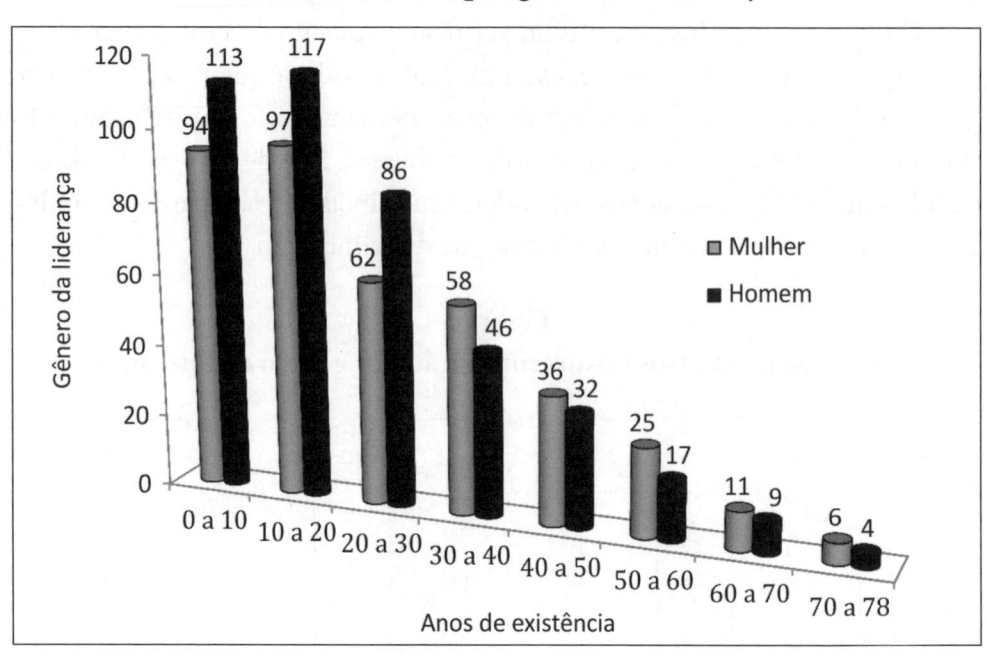

Figura 4
Anos de existência por gênero da liderança

Anos de existência	Mulher	Homem
0 a 10	94	113
10 a 20	97	117
20 a 30	62	86
30 a 40	58	46
40 a 50	36	32
50 a 60	25	17
60 a 70	11	9
70 a 78	6	4

Fonte: Elaboração própria, a partir de dados da pesquisa que originou este livro (PUC-Rio/SEPPIR-PR, 2011).

Enquanto nas casas mais antigas, com idade entre 30 e 78 anos, encontram-se majoritariamente mulheres na posição de líder, as casas relativamente mais novas, nas faixas entre 0 a 30 anos de idade, invertem essa relação e a liderança das casas passa a ser de maioria masculina. Pode-se notar na nossa amostra a existência de um provável aumento do número de casas no decorrer do tempo[30] e sobretudo de casas lideradas por homens, indicando uma substituição de mulheres por homens nessas posições.[31] A grande maioria das casas religiosas que integram o universo pesquisado – cerca de 70% – surgiram a partir da última década do século XX e, embora contem com expressiva participação feminina em posição de liderança, tais posições foram sendo crescentemente ocupadas por homens.[32]

---

[30] Foi utilizado o termo "provável" porque o universo abarcado pela pesquisa somente compreendeu casas que existiam no momento da pesquisa. Ficaram de fora portanto também as casas que deixaram de existir e sobre as quais não temos informação sobre as lideranças.

[31] Como já salientado, nossa amostra não pretendeu ser representativa do universo total das casas religiosas de matrizes africanas no Rio de Janeiro, devendo portanto ser tomada com reservas qualquer tentativa de generalização. Note-se contudo que como o universo analisado apresenta uma sobre representação do Candomblé, que é justamente a religião em que tradicionalmente há mais marcante liderança feminina, os dados apresentados são ainda mais reveladores da mudança.

[32] Alguns autores apontam em relação às religiões de matrizes africanas, notadamente no Candomblé, após uma ten-

Discriminação e número de adeptos e de frequentadores

As casas religiosas pesquisadas informaram contar com um número de adeptos[33] bastante variável – que vai de cerca de até 20 a até mais de 1.000 adeptos. Embora seja relativamente largo o espectro de variação no número de adeptos das casas, a grande maioria das casas religiosas da amostra pesquisada está concentrada na faixa de até 50 adeptos. O segundo lugar de concentração das casas encontra-se na faixa de mais de 50 a até 100 adeptos (ver Tabela X, pág. 86).

Figura 5
Notificação de casos de discriminação por número de adeptos

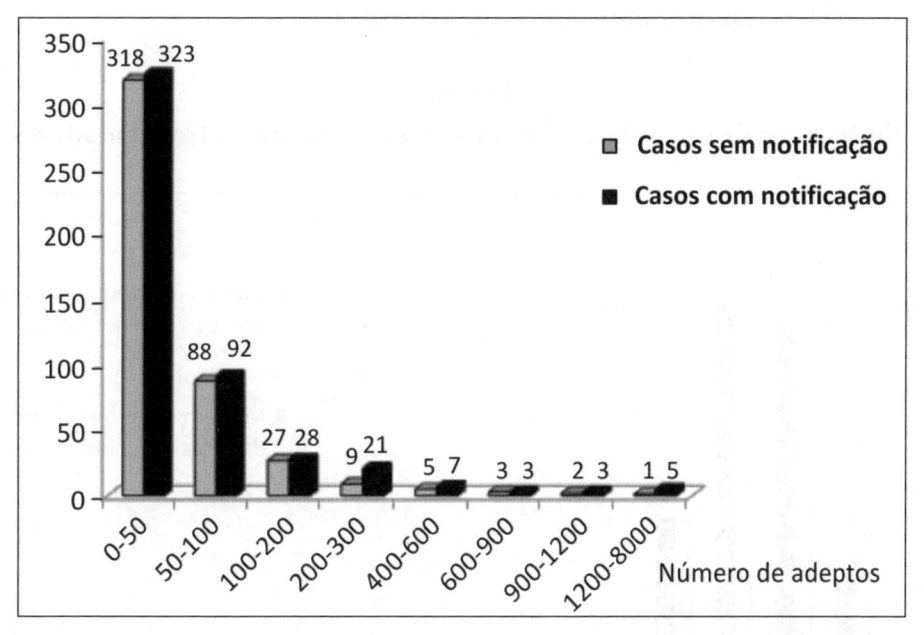

Número de adeptos	Casos sem notificação	Casos com notificação
0-50	318	323
50-100	88	92
100-200	27	28
200-300	9	21
400-600	5	7
600-900	3	3
900-1200	2	3
1200-8000	1	5

Fonte: Elaboração própria, a partir de dados da pesquisa que originou este livro (PUC-Rio/SEPPIR-PR, 2011).

No que concerne à ocorrência de discriminação segundo o número de adeptos da casa, os dados da pesquisa revelam quase não haver variação. Em pratica-

---

dência à universalização vivida a partir de 1980, a existência de um processo relativamente recente de reafricanização. De fato, ambas as tendências apontadas, tanto a tendência à universalização dos anos 1980, quanto à reafricanização mais recente, parecem estar em consonância com o movimento verificado nos dados da pesquisa, a da substituição de mulheres por homens nas posições de liderança.

[33] Ver questionário da pesquisa, questão 14.1, que pergunta sobre o número de adeptos religiosos da casa. Os adeptos, diferentemente dos frequentadores, clientes ou visitantes, foram definidos como membros da casa com funções específicas e lugar determinado na hierarquia religiosa, e que participam de maneira relativamente frequente das atividades da casa, sendo que alguns também mantêm residência na própria casa de culto.

mente todas as faixas de número de adeptos – em particular naquelas que somam até 100 adeptos e que concentram a esmagadora maioria das casas –, a proporção entre casas discriminadas (cerca de 51%) e casas não discriminadas (cerca de 49%) se mantém relativamente constante. Em outras palavras, o número de adeptos da casa parece não interferir significativamente na ocorrência de atos discriminatórios.

No que concerne ao número de frequentadores, 92% das casas reúnem durante suas festividades e rituais um número de 50 a 200 pessoas. Nas casas com faixa de frequência de 50 a 200 pessoas está concentrada a grande maioria dos atos discriminatórios relatados (402 casos), mas também, igualmente, nessa mesma faixa se encontra parte considerável das casas que informaram não terem sofrido atos discriminatórios (373 casos).

Figura 6
Notificação de casos de discriminação por número de frequentadores

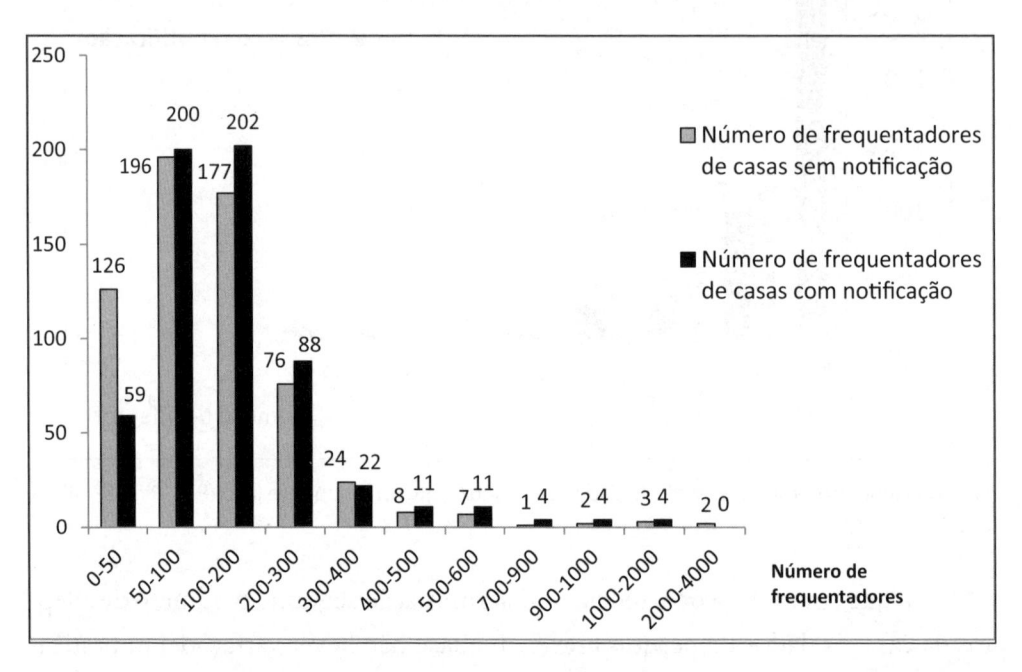

Fonte: Elaboração própria, a partir de dados da pesquisa que originou este livro (PUC-Rio/SEPPIR-PR, 2011).

Há, portanto, alguma diferença em favor das casas discriminadas em relação às não discriminadas nessa faixa de frequentadores, mas uma diferença pouco importante, da ordem de 52% para 48%.

Em todas as faixas de frequentadores presentes na amostra, a maior diferença existente entre casas discriminadas e não discriminadas encontra-se na faixa de até 50 frequentadores (nas casas com essa faixa de frequentadores ocorreram somente 15% do total de atos de discriminação). Esse dado sugere que as casas que reúnem um pequeno número de pessoas tenham talvez menos possibilidades de serem discriminadas (mais especificamente cerca de 70% das casas com até 50 frequentadores não foram discriminadas).

Discriminação, situação legal da casa e filiações

Outras informações coletadas versaram sobre a legalização jurídica da casa, alvará, CNPJ e filiação a associações ou federações (ver Questionário da pesquisa em Anexos, perguntas 10-13). Esses dados dizem respeito a formas de inserção, legalização e institucionalização das casas que, acreditou-se, poderiam em conjunto estar relacionados à incidência de atos discriminatórios.

O primeiro dado que chama a atenção na amostra é o baixo índice de legalização jurídica: mais da metade do total, cerca de 60% das casas religiosas, não são legalizadas.

Figura 7
Legalização jurídica por notificação de casos de discriminação

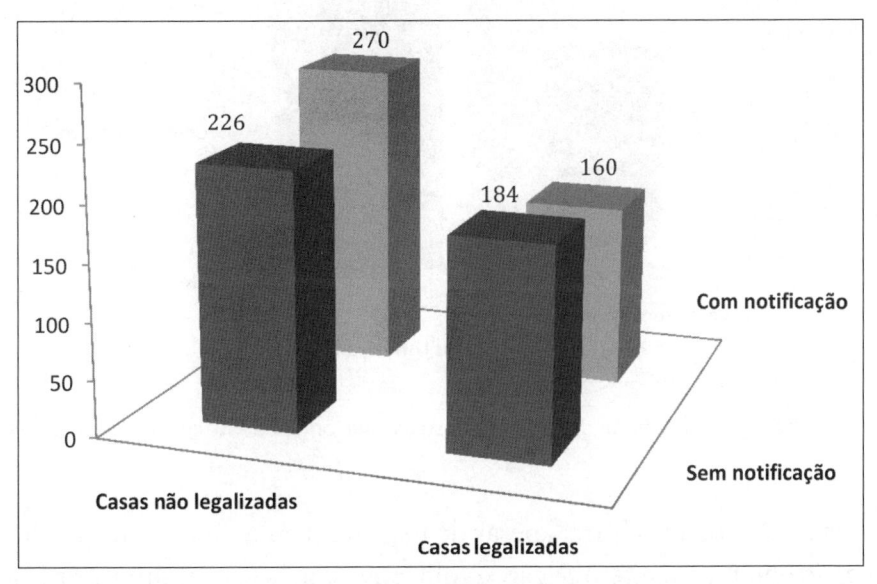

[Gráfico de barras: Casas não legalizadas — 226 (Com notificação), 270 (Sem notificação); Casas legalizadas — 184 (Com notificação), 160 (Sem notificação)]

Fonte: Elaboração própria, a partir de dados da pesquisa que originou este livro (PUC-Rio/SEPPIR-PR, 2011).

Os dados coletados permitiram verificar o peso da variável legalização nas manifestações de ações discriminatórias sofridas pelas casas: entre as casas não legalizadas as discriminadas correspondem a 54% e as não discriminadas a 45%, verificando-se, portanto, existir uma diferença muito pequena, de menos de 10%, no índice de discriminação das casas não legalizadas.

Procurou-se em seguida verificar se as casas legalizadas juridicamente teriam menor incidência de atos discriminatórios. Os dados coletados revelam que do total de casas legalizadas (344), mais da metade (53%) não havia sido discriminada, enquanto 46% haviam sofrido discriminação. Esses dados indicam que a legalização jurídica tem praticamente influência nula ou muito pouca relevância na incidência de atos discriminatórios.

Mais da metade (59%) das casas presentes na amostra possui alvará, um índice bastante mais alto do que as casas que se declararam legalizadas juridicamente.

Figura 8
Alvará por notificação de casos de discriminação

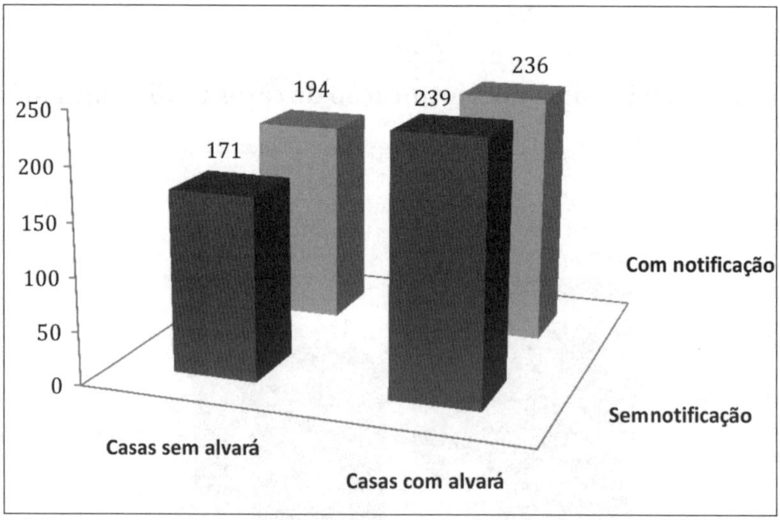

[Gráfico de barras: Casas sem alvará — Com notificação: 171, Sem notificação: 194; Casas com alvará — Com notificação: 239, Sem notificação: 236]

Fonte: Elaboração própria, a partir de dados da pesquisa que originou este livro (PUC-Rio/SEPPIR-PR, 2011).

O fato de possuir alvará, apesar de mais frequente no universo analisado, parece, no entanto, não ter relação significativa com as ações discriminatórias. Se entre as casas sem alvará a incidência de discriminação é um pouco mais elevada, podendo talvez a ausência de alvará servir como um fator ou pretexto adicional para as ações discriminatórias, um dado que chama a atenção no universo das casas que possuem alvará é que encontra-se praticamente partido ao meio: 49% foram discriminadas e 51% não foram discriminadas. Além de indicar que possuir o alvará não se apresenta certamente como inibidor da discriminação ou protetor contra ela, esses dados também sugerem que, ao contrário, a ausência de alvará possa talvez servir como elemento adicional ou, quem sabe, legitimador de ações intolerantes.

Finalmente, são relativamente muito poucas as casas religiosas – cerca de 25% – que possuem CNPJ, o que é bastante revelador da fraca institucionalização das casas que compõem esse universo. Verifica-se em relação ao CNPJ o mesmo que foi percebido em relação à legalização jurídica: ter ou não ter CNPJ apresenta-se como fator praticamente nulo ou indiferente em relação à incidência de discriminação.

Figura 9
CNPJ por notificação de casos de discriminação

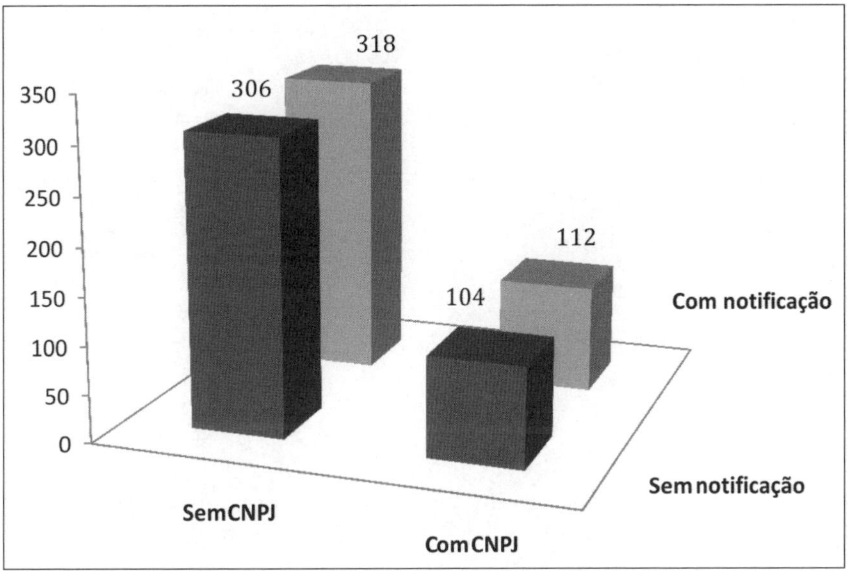

Fonte: Elaboração própria, a partir de dados da pesquisa que originou este livro (PUC-Rio/SEPPIR-PR, 2011).

Os dados analisados sugerem que, em conjunto, muito pouca influência tem a situação da casa – CNPJ, legalização jurídica, alvará etc. – bem como o número de adeptos, na incidência de ações discriminatórias declaradas. A fraca ou nula correlação entre esses fatores e as ações discriminatórias certamente deve conduzir-nos a outras pistas, também sugeridas e reforçadas pelos relatos de intolerância e discriminação analisados pela pesquisa.

Parecem ser menos visadas pelas ações discriminatórias sobretudo as casas com poucos frequentadores e menos adeptos, como que a indicar que quanto maior a visibilidade ou o impacto acústico e/ou visual dos religiosos de matrizes africanas numa determinada localidade, maiores talvez seriam as chances de ações discriminatórias e/ou agressões.

REFERÊNCIAS

BOBBIO, Norberto. *A era dos direitos*. Rio de Janeiro: Campus, 1992.

ESTEVES FILHO, Astrogildo e SANTOS, Ivanir (Orgs). *Intolerância religiosa x Democracia*. Rio de Janeiro: CEAP, 2009.

GIUMBELLI, Emerson. Liberdade religiosa no Brasil contemporâneo: Uma discussão a partir do caso da Igreja Universal do Reino de Deus. In: *Antropologia e direitos humanos*. Niterói/RJ: Editora da Universidade Federal Fluminense, 2003.

_____. Presença do religioso no espaço público: modalidades no Brasil. *Religião e Sociedade*, Rio de Janeiro, v. 8, n. 2, 2008, p. 80-101.

LANDES, Ruth. *A cidade das mulheres*. Rio de Janeiro: Editora da UFRJ, 2002.

MARIANO, Ricardo. Pentecostais em ação: a demonização dos cultos afro-brasileiros. In: SILVA, Vagner Gonçalves da (Org.). *Intolerância religiosa*. Impactos neopentecostais no campo religioso afro-brasileiro. São Paulo: EDUSP, 2007, p. 119-147.

ORGANIZAÇÃO DAS NAÇÕES UNIDAS – *Declaração Universal dos Direitos Humanos*. Adotada e proclamada pela resolução 217 A (III) da Assembleia Geral das Nações Unidas em 10 de dezembro de 1948. Disponível em: <http://www.un.org/spanish/Depts/dpi/portugues/Universal.html>. Acesso em 19/12/2012.

SANTOS, Juana Elbein dos. *Os nagô e a morte. Pàde, Asèse e o culto Ègun na Bahia*. Petrópolis: Vozes, 2007.

SILVA JR, Hédio. Intolerância religiosa e direitos humanos. In: SANTOS, Ivanir dos e ESTEVES FILHO, Astrogildo. (Orgs.) *Intolerância religiosa X Democracia*. Rio de Janeiro: CEAP, 2009. p. 205-216.

SILVA, Vagner Gonçalves da (Org.). *Intolerância religiosa*. Impactos do neopentecostalismo no campo religioso brasileiro. São Paulo: Edusp, 2007.

SILVERSTEIN, Leni M. Mãe de todo mundo: modos de sobrevivência nas comunidades de candomblé da Bahia. *Religião e Sociedade*, 1979, p. 143-169.

ROCHA, José Geraldo. A intolerância religiosa e religiões de matrizes africanas no Rio de Janeiro. *África e africanidades*, n. 14/15, 2011. Disponível em: <http//:www.africaeafricanidades.com>. Acesso em 19/09/2012.

VAINER, Carlos. Pour un urbanisme de tolérance. Critique de la planification stratégique. *Annales de la Recherche Urbaine*, n. 80, dezembro de 1988, p. 197-203.

Considerações finais

Denise Pini Rosalem da Fonseca e Sônia Maria Giacomini

Quando, em 2008, começamos a estruturar a realização de um mapeamento de terreiros no Rio de Janeiro, em resposta a uma demanda colocada na primeira metade dos anos 2000 para a PUC-Rio pelo segmento religioso de matrizes africanas do Grande Rio, partimos da premissa de que este deveria ser um trabalho inovador, tanto do ponto de vista dos conteúdos que ele abordaria, quanto da forma de construção deste conhecimento, ou seja, a sua epistemologia.

Para os pesquisadores da PUC-Rio dos núcleos de estudos afrodescendentes (Nirema) e de meio ambiente (Nima) envolvidos neste projeto, este se apresentava como um trabalho de pesquisa necessariamente interdisciplinar, cuja ênfase temática encontra-se na zona fronteiriça entre Religião e Política, apropriando ferramentas conceituais e técnicas dos campos disciplinares da Geografia, do Direito (particularmente, direitos humanos), da Sociologia, da Antropologia das Religiões, do Serviço Social e da História.

Na construção da justificativa do projeto foram apresentadas hipóteses e adiantados argumentos que, em boa medida, os 20 meses de trabalho de campo, realizado entre 2009 e 2011, confirmaram. É importante que se diga "em boa medida", porém, não completamente. É claro que sempre se pode sustentar que em ciência, e particularmente nas Ciências Sociais, campos de pesquisa bem realizados dão concretude ao que foi preliminarmente assumido, mas revelam também o "não esperado". Muitas destas "surpresas" do campo servem também para atestar a seriedade e o respeito que norteiam o trabalho realizado, além de abrir portas para outras pesquisas, suplementando o conhecimento sobre o objeto em questão. É sobre estes achados não pressentidos pelo projeto de mapeamento de terreiros no Rio de Janeiro, suas hipóteses negadas, total ou parcialmente, e seus ajustes de nomenclatura e, principalmente, sobre as confirmações das suas "suposições" preliminares a respeito de um tema ainda pouco conhecido, de que tratam estas considerações finais.

Inicialmente, cabe comentar que o projeto desenhado em 2008 percebia o povo-de-santo como um grupo social em estado de vulnerabilidade sociopolítica, e entendia que o mapeamento seria uma ferramenta valiosa para a denúncia e superação deste estado de coisas. Os elementos que davam suporte a tal suposição eram de três ordens: 1) jurídica – a pressentida fragilidade institucional dos terreiros; 2) geográfica – a hipótese da sua localização primordialmente em espaços urbanos de pobreza; e 3) política – a denúncia do assédio de algumas igrejas neopentecostais contra os terreiros e seus adeptos.

> Na avaliação preliminar do Nima, a grande vulnerabilidade do povo-de-axé decorre principalmente da fragilidade institucional das casas de religiões de matrizes africanas e das suas redes de solidariedade horizontais. Muitas destas casas, dentre elas até mesmo algumas das mais tradicionais do ponto de vista da sua ancestralidade e história, mantêm uma situação fundiária irregular, bem como não estão formalmente regularizadas enquanto instituições religiosas, o que pode se associar ao quadro geral de pobreza à qual estão submetidas (embora, em algumas circunstâncias, constituam práticas de resistência social, perfeitamente articuladas pela práxis política destas casas) (Fonseca, Giacomini e Rego, 2008: 5).

A respeito da presumida vulnerabilidade do povo-de-santo, é importante que se diga que, se bem é certo que o estudo confirmou a limitada porcentagem de institucionalização jurídico-política nas casas pesquisadas, o índice relativamente alto de relatos de discriminação oferecidos em testemunho pelos colaboradores da pesquisa, e que suas localizações se dão majoritariamente em áreas de pobreza urbana, rural e nas zonas de fronteira entre rural e urbano (um aspecto não quantificado, porém claramente perceptível, por exemplo, no banco de imagens geradas pela pesquisa), não se pode ignorar a fortaleza social das redes horizontais de solidariedade do povo-de-santo do Rio de Janeiro.

Ilê Omi Ojuarô – Miguel Couto (*Ketu*) – Nova Iguaçu (Conselho *Griot*)

Associação Espírita Senhor do Bonfim *Oxalá Kupapa* (Angola) – Anchieta, Rio de Janeiro (Conselho *Griot*)

Abailê da Cruz do Divino do *Ilê Axé Opô Afonjá* (*Ketu*) – Coelho Neto, São João de Meriti (Conselho *Griot*)

Casa *Jocô Ilê Iyá Omim* (*Ketu*) – Vilar dos Teles, São João de Meriti (Conselho *Griot*)

Abassa Ase Lebara Delogi Nzambe (Angola) – Jacutinga, Mesquita

Templo de *Oxossi* (Umbanda) – Pilares, Rio de Janeiro – (Conselho *Griot*)

N'inzo N'gola Mukumbi Kafum Massale (Angola) – Guadalupe, Rio de Janeiro

Ilê Ase Omindewan (*Ketu*) – Honório Gurgel, Rio de Janeiro

Casa Cristã de Caridade Irmandade *Batuíra* e Pai Miguel (Umbanda) – Anchieta, Rio de Janeiro

Ilê Axé Lele Omom Ejá (Efon) – Miguel Couto, Nova Iguaçu

Tenda Espírita São Sebastião, *Kude Togbo Oni Igbon* (*Jeje*) – Cabral, Nilópolis

Casa das Águas (Umbanda) – Jacarepaguá, Rio de Janeiro

Ile de *Abaluae* Caboclo Arranca Toco (Angola) – Quintino, Rio de Janeiro

Cabana do Pai Thomaz de Angola (Angola e Umbanda) – Vaz Lobo, Rio de Janeiro

Kxe Aye Vodun Azuany (Jeje) – Taquara, Rio de Janeiro

Kue Seja Mile Fan (Jeje) – D. Rodrigo – Nova Iguaçu

Kue Ase Bessen – Geneciano (*Jeje Mahi*) – Nova Iguaçu

Centro Espirita Caboclo Arariboia (Umbanda) – Cachambi, Rio de Janeiro

Irmandade *Ogum Iara* e *Ogum* Rompe Mato (Umbanda) – Centro, Mesquita

Casa do Senhor dos Passos – Miguel Couto, Nova Iguaçu

Doné Euceia e *Doné* Helenir (*Jeje*) – Oswaldo Cruz, Rio de Janeiro

Banto *Luango* de *Xango* (Angola) – Oswaldo Cruz, Rio de Janeiro

Centro Espírita Novo Maria Congo (*Omolocô*) – Irajá, Rio de Janeiro

Simbe (Angola) – Pavuna, Rio de Janeiro

Vodunxwé Zóógodo Bogun Beji Hundó (Jeje) – Tomazinho, São João de Meriti

Ao contrário, é a extraordinária fortaleza construída e sustentada por estas redes, extraindo poder de valores culturais identitários, éticos e preceitos religiosos próprios – tais como disciplina, obediência, respeito, pluralidade e solidariedade, dentre outros – que protege os seus membros de um ódio teopolítico militante e da indignidade da pobreza recorrente, como ilustram os capítulos sobre discriminação religiosa e ações sociais.

Dessa maneira, a hipótese de que uma vulnerabilidade social do povo-de-santo derive da fragilidade institucional presente na rede de terreiros apenas se sustenta caso esta "institucionalidade" seja entendida como acesso ao poder que emana do Estado. Nesta medida, e apenas assim, é que podemos seguir articulando fragilidade institucional e vulnerabilidade social nestas redes, posto que a ausência de mecanismos específicos de proteção do Estado, seja contra a discriminação religiosa, seja contra as mazelas da pobreza, as fragiliza, tornando-as vulneráveis. Isso equivale a dizer que é a omissão do Estado – e não a limitada institucionalidade dos terreiros e suas redes – a responsável pela vulnerabilidade sociopolítica do povo-de-santo. Pois então que seja este mesmo Estado a se "responsabilizar", literalmente, pela segurança destas. A respeito da situação jurídica dos terreiros, é importante ressaltar também que a pesquisa do mapeamento se restringiu exclusivamente à construção dos bancos de dados e de imagens e o seu georreferenciamento, não se ocupando de eventuais desdobramentos como, por exemplo, a regularização fundiária ou jurídico-política dos terreiros, posto que se assume que estes processos competem aos próprios terreiros, individual ou coletivamente, por serem parte integrante do *ethos* destes sujeitos políticos.

A esse respeito, cabe ressaltar que, embora a legalização dos terreiros não se constituísse em um objetivo da pesquisa, durante o processo de organização política que acompanhou o seu desenvolvimento este tema se apresentou rapidamente. Em resposta a esta demanda foi organizada e publicada a *Cartilha para legalização de casas religiosas de matriz africana* (Mulholand e Pires, 2012), pelo Departamento de Direito da PUC-Rio, em parceria com a Superdir, enquanto um subproduto não previsto no projeto.

Ainda a respeito da relação dos terreiros e suas redes com o Estado brasileiro, nosso entendimento é o de que, desde a promulgação da Constituição Federal da República em 1988, estão abertas preciosas possibilidades, ainda não exploradas, de garantir a estes grupos sociais (definidos como "comunidades tradicionais" pela SEPPIR/PR) mecanismos específicos de proteção baseados principalmente no seu patrimônio cultural identitário.

O mapeamento dos terreiros e a identificação de processos de territorialização do axé em curso no Rio de Janeiro são condições necessárias para dar visibilidade ao universo constituído pelas religiões de matrizes africanas. Esses processos de territorialização vêm ocorrendo no bojo da construção destes sujeitos coletivos que, espera-se, venham a se constituir em sujeitos de direitos de cidadania como, por exemplo, aqueles previstos no Art. 68 do Ato das Disposições Constitucionais Transitórias da Carta Constitucional do Brasil de 1988, e sua posterior regulamentação (legalização de quilombos e comunidades tradicionais).

A respeito da localização dos terreiros em áreas de pobreza, não pudemos afirmar neste estudo muito mais do que nos permitem as observações recolhidas pelos pesquisadores de campo. Essas observações, somadas à análise das datas de fundação das casas pesquisadas e georreferenciadas, parece nos contar uma história de mudanças ocasionadas pelo incremento sistemático dos valores de mercado dos terrenos que ocupavam em períodos anteriores, dando suporte à hipótese de espaços de pobreza na localização dos terreiros. A este respeito, embora não se possa afirmar categoricamente quais seriam as razões para estes processos de des/reterritorialização a partir dos dados coletados pela pesquisa, a presença massiva dos terreiros em áreas remotas, desprovidas de equipamentos públicos de infraestrutura e com baixa oferta de serviços de toda ordem observada pelos pesquisadores de campo, parece corroborar outra vez esta hipótese. Além disso, estes muitas vezes estão localizados em áreas controladas por grupos armados com domínio de território e, portanto, suas "comunidades"[34] estão sujeitas aos horrores de uma guerra urbana não declarada, porém fartamente documentada cotidianamente pela grande mídia. A esse respeito, cabe salientar que este mapeamento, talvez por essa razão, quase não incluiu casas localizadas nas favelas do Rio de Janeiro.

Cabe lembrar, no entanto, que para muitas das tradições religiosas de matrizes africanas a escolha do local para a construção de uma casa de religião (*Ilê*, terreiro, roça, tenda, cabana etc.) deve atender a um conjunto de exigências determinadas pelas cosmovisões às quais se associam, de maneira a propiciar o exercício litúrgico da relação homem/natureza na vivência do sagrado. Daí de-

---

[34] O termo "comunidade" se refere ao conjunto de adeptos permanentes e frequentadores ocasionais destas casas, por ser assim utilizado pelos membros das próprias comunidades de terreiros.

corre, muitas vezes, a necessidade da presença de elementos tais como: matas, florestas, cachoeiras, rios, lagos e montanhas, normalmente encontrados em áreas semirrurais ou localizadas nas proximidades de parques de preservação ambiental ou remanescentes de florestas. Situações como estas são mencionadas no capítulo sobre discriminação religiosa. No caso da cidade do Rio de Janeiro, muitas destas áreas, normalmente localizadas nas encostas de montanhas ou áreas de manguezais, encontram-se em setores urbanos ou semiurbanos ocupados de maneira informal por famílias pobres, e que contam com uma tímida presença do Estado. Esta situação contribui para a vulnerabilidade político-ambiental do povo-de-santo.

Ainda do ponto de vista da localização das casas, desperta interesse o fato de que em algumas das favelas da cidade do Rio de Janeiro como, por exemplo, o Complexo da Maré, já não se registre mais a presença de qualquer terreiro aberto ao público. Considerando-se que o Complexo da Maré reúne 16 comunidades de favelas, nas quais residem cerca de 130 mil pessoas[35] sob o jugo de grupos armados com domínio de território, esta ausência sugere a existência de outros mecanismos ainda mais sutis e muito mais poderosos de silenciamento e invisibilização do povo-de-santo, de destruição das suas redes horizontais de solidariedade e de enfraquecimento das suas lideranças, ou seja, de discriminação e segregação de valores sociais, políticos, éticos e religiosos de uma importante porção da população brasileira, adepta destas religiões.

Em outras palavras, por omissão do Estado, continuamos podendo afirmar que o povo-de-santo constitui um grupo humano que se encontra em situação de vulnerabilidade do ponto de vista político, socioeconômico e ambiental. Decorre daí a urgência do desenvolvimento de políticas públicas que permitam a construção de agendas específicas de sustentabilidade socioambiental do povo-de-santo. No nosso entendimento, estes programas deveriam apreciar:

- A identificação e a revalorização, no interior das próprias redes do povo-de-santo, dos elementos constitutivos do seu patrimônio cultural identitário. Muitos dos terreiros mapeados são legendários e iconográficos no Rio de Janeiro, sendo, portanto, crucial preservar a sua existência e permanência. Quanto a isso, caberiam parcerias dos terreiros com o Instituto do Patrimônio Histórico e Artístico Nacio-

---

[35] Dados do Censo da Maré, realizado pelo Centro de Estudos e Ações Solidárias da Maré (CEASM, 2000). A atualização destes dados, que ocorreu em 2010, reafirma este achado. Agradecemos a Eliana Sousa Silva, Fundadora do CEASM e atual diretora da ONG Redes da Maré, por estas informações.

nal (IPHAN), ampliando o que já foi feito com cerca de 20 terreiros e alguns quilombos;

- A ressignificação e a visibilização da presença dos terreiros no espaço da cidade e dos valores éticos e estéticos que compõem o seu patrimônio cultural identitário também "para fora" das suas próprias territorialidades. Este é o aspecto para o qual o projeto de mapeamento da PUC-Rio mais esperou contribuir; porém, no que se refere ao Estado, é nesta seara que a SEPPIR/PR pode oferecer as mais profícuas oportunidades;

- O desenvolvimento de processos e produtos que, a partir deste material identitário, ofereçam oportunidades de preservação e promoção das suas atuais territorialidades, dos seus monumentos e lugares de memória, das suas lideranças e adeptos. Aqui caberiam, por exemplo, programas de turismo cultural e religioso promovidos por agências municipais ou estaduais competentes, que fomentassem a preservação deste patrimônio, ao mesmo tempo em que promovessem a geração de emprego e renda naquelas localidades, uma alternativa assertiva ao turismo desqualificador de favela, tão em voga na cidade do Rio de Janeiro, com o aval da Riotur (Empresa de Turismo do Município do Rio de Janeiro).

Quanto à localização dos terreiros mapeados, os dados falam, principalmente, de uma tendência de concentração nas zonas Norte e Oeste do município do Rio de Janeiro e, em particular, na Baixada Fluminense. Cabe assinalar que a utilização de "bola de neve" como técnica de pesquisa, a partir das cabeças de rede ali localizadas, certamente favoreceu este quadro. É também verdade, porém, que muitos dos principais terreiros estão ali há muito tempo, o que sustenta a hipótese de que essas três regiões metodológicas da pesquisa sejam palcos principais de processos de territorialização do axé, construindo historicamente estes territórios-rede a partir de práticas sociais que lhes são próprias. O capítulo sobre os territórios-rede tentou ilustrar isso com a clareza possível de se extrair de um tratamento quantitativo dos registros destas práticas.

Cabe observar que acreditamos que a própria configuração do mapa instalado no *website* do mapeamento dá um primeiro testemunho da existência destas territorialidades. A opção por explorar a rede formada pelas lideranças que integram o *Conselho Griot* perseguiu algumas vantagens metodológicas, tais como nos beneficiarmos de relações de lealdade e confiança que permitiram que se abrissem as portas das casas, garantindo a boa receptividade para a pesquisa. Por outro lado, esta técnica também trouxe algumas dificuldades práticas. Dentre elas, a necessidade de deslocamento constante dos pesquisadores, por não obedecer qualquer lógica de contiguidade espacial que poderia significar economia de tempo e de recursos.

Mais importante do que isso é o fato de que a opção pela utilização do critério de rede também fez com que rapidamente nos deparássemos com um limite específico do campo pesquisado. Ao invés da rede estudada se abrir em forma de rizoma, como supúnhamos que ocorreria, esta se fechou em forma circular, e foi se adensando internamente. Este limite da pesquisa se mostrou rapidamente. De fato, a rede constituída pelas mais conhecidas lideranças com assento no *Conselho Griot* é basicamente integrada por casas e lideranças relativamente famosas e consagradas e que se reconhecem umas às outras como tais.

Essas casas constituem, ao que tudo indica, uma rede de casas bastante respeitadas; porém, até pela sua destacada importância, esta rede não é muito extensa. No entorno, e às margens dessa rede constituída pelo grosso das casas mapeadas, acreditamos que exista uma série de muitas outras pequenas casas e redes, todas elas, ao que tudo indica, pouco consideradas ou simplesmente desconhecidas, e as quais, no entanto, ninguém se dispõe a indicar para participar da pesquisa.

De forma geral, esse comportamento parece indicar a intenção dos participantes dessa rede de não querer incluir essas casas no conjunto formado pelo mapeamento. Isso indica também uma recusa em exercer o papel de fiador dessas casas através da indicação ou da sua inclusão no conjunto.

É como se o projeto de mapeamento, de certa forma, ao produzir na forma de mapa uma certa representação horizontal das casas, não comportasse a inclusão de certas formas de diferenciação entre elas. Neste contexto, aparentemente a tendência das indicações foi a de incluir as casas consideradas pares (o que tornaria esta rede horizontal), iguais ou bastante semelhantes sob os critérios mais variados. Disso certamente decorre a não inclusão dos considerados "diferentes" sob os mais diversos pontos de vista.

De fato, no mapa produzido, cada uma das casas é referida por um ponto, por uma mesma e única marca, exatamente do mesmo formato, cor e dimensão, igual para cada uma das casas, independentemente das particularidades de cada uma delas. Estão diferenciadas na cor apenas as casas que foram mapeadas através dos mutirões. Esse aspecto indica um dos limites encontrados na realização desta pesquisa, ou na sua representação cartográfica. Um mapeamento que se queira mais abrangente deverá, sem dúvida, completar o trabalho iniciado, percorrendo também um caminho diverso daquele aqui escolhido. Para isso, haveria que abranger um conjunto maior, que incluísse uma diversidade maior de casas e de religiosos, entre elas os não famosos e anônimos. Esse aspecto do campo mapeado, certamente, merece maior aprofundamento, por meio de outras pesquisas.

Ainda a respeito da rede de casas mapeadas e seus limites, é importante lembrar que, durante o processo de realização do trabalho de campo, alguns locais se apresentaram como particularmente importantes, por permitirem o contato com um universo muito amplo de adeptos, uma vez esgotada a rede sobre a qual falávamos anteriormente. As festas realizadas por certas casas religiosas importantes constituem sempre um grande e concorrido ponto de encontro e foram, de fato, espaços muito valiosos para a divulgação do mapeamento. Nenhuma festa ou local, porém, pode rivalizar com o Mercadão de Madureira, que recebe uma ampla frequência de conjuntos bastante diversos de adeptos de denominações religiosas de matrizes africanas. A partir de final de 2009, parte das atividades de divulgação da pesquisa passou a privilegiar o Mercadão de Madureira, e os pesquisadores de campo, contando com uma articulação com alguns importantes comerciantes locais, se dedicaram a fazer frequentes jornadas no local.

Este livro foi estruturado de maneira a dar especial atenção a três dimensões entendidas como principais neste trabalho: 1) geográfica – o georreferenciamento das casas mapeadas e a identificação dos processos de territorialização dos territórios-rede; 2) social – o trabalho social realizado por estas redes e sua importância no enfrentamento das desigualdades sociais, com ênfase no combate à fome, e 3) político – a denúncia das práticas de discriminação religiosa enquanto um projeto político.

Do ponto de vista do trabalho geográfico, o que podemos afirmar é que os mapeamentos, claramente, se constituem como fortes instrumentos de reconhecimento de populações específicas dentro de uma perspectiva espacial.[36]

A consolidação, em ambiente georeferenciado na *web* da localização das CRMAs está permitindo que esta rede física seja visualizada e se integre, possibilitando ações consistentes, tanto por parte dos integrantes da mesma rede,

---

[36] Para uma análise e problematização da cartografia social, ver Acselrad (2008).

como por parte da sociedade civil e do Estado, em seus diferentes níveis político-administrativos.

Permanecem abertas as oportunidades de explorar novas possibilidades no ambiente *web* e nas redes sociais, tais como a inserção direta de informações sobre adeptos e frequentadores das CRMAs, o que permitiria transformar o espaço de representação cartográfica em um processo dinâmico que refletisse os processos sociais que vêm ocorrendo no tempo e se expressam no espaço.

Da mesma maneira, e no afã de cobrar ações específicas do Estado em relação ao povo-de-santo, desta vez na dimensão social, o capítulo intitulado "Territórios-rede e trabalho social do axé" buscou apresentar e discutir duas questões principais:

1. Podemos falar em trabalho social realizado pelas casas de religiões de matrizes africanas no Rio de Janeiro?
2. Há como sustentar a hipótese de que ocorreram – ou estão ocorrendo – "processos de territorialização" do axé no Grande Rio?

Quanto ao tema do trabalho social, em vez de ponderar se as ações sociais realizadas pelas casas de axé do Rio de Janeiro podem ser entendidas como tal, é importante retomar a consideração de que estamos tratando de uma das mais tradicionais, bem-estruturadas e funcionais redes horizontais de solidariedade, as redes religiosas de matrizes africanas.

Estas são estruturas sociais que, historicamente, operam no interior da sociedade civil, em substituição e/ou suplementação do Estado, particularmente naqueles lugares em que a pobreza tem as suas raízes mais profundas. Foi nesta perspectiva que desejamos detalhar o trabalho social realizado pelos terreiros no Rio de Janeiro, a partir dos dados coletados pela pesquisa. Nosso objetivo é que este mesmo Estado – explicitamente ausente – entenda estas práticas, (re)conheça-as e busque formas de valorizar este trabalho, dele participando.

A recente leitura dos dados sobre distribuição de renda no Brasil, coletados pelo Censo Populacional realizado pelo IBGE em 2010, revelou que 22% dos brasileiros estão colocados abaixo da linha da pobreza, o que equivale a aproximadamente 43 milhões de pessoas. Posto que a linha da pobreza está colocada mais abaixo do que o rendimento *per capita* de um salário mínimo nacional, podemos dizer que boa parte desses brasileiros não estão apreciados nem pelo Estado, nem pelo mercado.

O *Bolsa Família* considera extremamente pobres as famílias com renda domiciliar per capita de até R$ 70,00, e pobres, aquelas com até R$ 140,00. O *Benefício de Prestação Continuada da Assistência Social* (BPC-LOAS) beneficia idosos e deficientes com rendimento domiciliar per capita inferior a ¼ de salário mínimo. O *Plano Brasil Sem Miséria*, recentemente lançado, combina a linha de R$ 70,00 de rendimento domiciliar per capita com outras dimensões, como falta de saneamento básico. O valor de ½ salário mínimo per capita, por sua vez, é o valor referencial no *Cadastro Único para Programas Sociais* do governo federal (IBGE, 2011).

O que surpreende é que dentre os 43 milhões de brasileiros pobres "apenas" 8,6% – ou seja, mais de 16 milhões de pessoas – estão vivendo em situação de miséria. Estes são os potenciais beneficiários do plano Brasil sem Miséria.

Visto por outro ângulo, há cerca de 27 milhões de pessoas no Brasil que são pobres, que estão – provavelmente – desempregadas ou subempregadas, que são – muito provavelmente – pretos ou pardos, que são – mais provável ainda – crianças e jovens, que têm – certamente – um limitadíssimo acesso a serviços de saúde e educação públicos e/ou privados, que vivem em espaços urbanos, quase urbanos ou rurais desprovidos de serviços, mas que – quase por milagre – não vivem em situação de indignidade humana e, portanto, não são potenciais beneficiários do plano Brasil sem Miséria.

Em outras palavras: não são miseráveis.

Pergunta: O que responde por esta diferença?

Resposta: As redes horizontais de solidariedade.

O detalhamento das ações sociais realizadas pelas 847 casas de axé pesquisadas no Rio de Janeiro ilustra aspectos deste fazer social e político – "cuidado", assistência, educação, capacitação, cidadania – pouco conhecidos até aqui. Ele fala de uma luta comungada contra a fome – não há dúvida – mas faz, também, outros discursos.

Fala de práticas políticas que dão suporte à existência de um sujeito coletivo capaz de plasmar no espaço outras formas de dominação – mais simbólicas do que materiais –, porém não menos poderosas ou funcionais: os territórios-rede.

Fala também da necessidade de se recolocar – ontológica e institucionalmente – enquanto um segmento religioso capaz de cobrar do Estado as prerrogativas oferecidas, por exemplo, pelo Estatuto da Igualdade Racial, pelo Bolsa Família ou pelo plano Brasil sem Miséria. Neste contexto, investe esforços de articulação com outras redes sociais – regional, nacional e internacionalmente –, atuando como "centros de referências" de movimentos de resistência social: étnico-raciais, de gênero, em defesa da diversidade humana, na luta pela saúde, pelos direitos humanos e pela preservação da natureza, entre outros.

Sobre os "processos de territorialização" do axé, devemos lembrar que quando se imaginou esta pesquisa, o que se assumiu por hipótese é que as redes sociais das 14 casas que compõem o *Conselho Griot* – das quais partiu o trabalho de campo – apresentariam uma configuração de rizoma, na medida em que fossem sendo percorridas, e que esta configuração se plasmaria, também, espacialmente.

Esta hipótese não se confirmou.

Em certo momento da pesquisa, estas redes se fecharam sobre si mesmas, de forma circular, e foram adensando-se, simbólica e espacialmente. Estas concentrações físicas, analisadas à luz das suas práticas, permitiram visualizar alguns "processos de territorialização" do axé que, indiscutivelmente, correspondem a formas distintas de gestão de poder sobre áreas específicas do Grande Rio.

O detalhamento das ações sociais realizadas pelas casas de axé, nas nove regiões metodológicas arbitradas pela pesquisa, constituiu um esforço para dar visibilidade às formas distintas de gestão social e de poder nos territórios, a partir de valores éticos, políticos e práticas sociais, em suma, das suas historicidades.

Conhecer estes valores e práticas, a partir da perspectiva das casas de religiões de matrizes africanas, é condição *sine qua non* para falar de "processos de territorialização" do axé.

> (...) é fundamental perceber a historicidade do território, sua variação conforme o contexto histórico e geográfico. Os objetivos dos *processos de territorialização*, ou seja, de *dominação do espaço*, variam muito ao longo do tempo e dos espaços. (...)
> Podemos, simplificadamente, falar em quatro grandes "fins" ou objetivos da territorialização, acumulados e distintamente valorizados ao longo do tempo:

- Abrigo físico, *fonte de recursos materiais* ou meio de produção.
- *Identificação ou simbolização de grupos* através de referentes espaciais (a começar pela própria fronteira).
- Disciplinização ou controle através do espaço (*fortalecimento da ideia de indivíduo* através de espaços também individualizados).
- *Construção e controle de conexões e redes* (fluxos, principalmente fluxos de pessoas, mercadorias e informações) (Haesbaert, 2005, p. 6777-6778) [grifos nossos].

O principal "processo de territorialização" do axé identificado pela pesquisa é composto pela combinação de três regiões: 1) a Baixada Fluminense; 2) a Zona Oeste; e 3) a Zona Norte do município do Rio de Janeiro.

É importante ressaltar que foi a partir desta tríade de regiões que se configurou o perfil geral das casas de axé pesquisadas, na medida em que este território-rede abrange a maioria absoluta das casas mapeadas. Aqui estamos falando, predominantemente, de casas de Candomblé, cujo porte é mediano – com cerca de 20 religiosos fixos – e que atendem a públicos de frequentadores de até 100 pessoas. Aqui também estão localizadas muitas das mais longevas casas pesquisadas – particularmente na Zona Norte.

Os vetores de crescimento desta territorialidade partiram da Zona Norte, primeiramente em direção à Baixada Fluminense e, logo depois, em direção à Zona Oeste. Aqui se localizam as casas mais capazes de estabelecer parcerias com o poder público; de assumir em suas pautas de ações os temas mais atuais da arena política; e de abrigar algumas das lideranças mais expressivas e politicamente ativas.

O segundo "processo de territorialização" do axé localiza-se na zona de fronteira entre os municípios de Niterói e São Gonçalo, no interior da região que chamamos de Leste e Norte da Baía de Guanabara. Ali, pode-se supor, vem ocorrendo uma transformação do campo religioso de matrizes africanas, no sentido de se aproximar do perfil das casas da Baixada Fluminense, com predominância de casas de Candomblé e híbridos, o que vem impactando suas práticas sociais e políticas. Se é que se pode sustentar a hipótese de uma "reafricanização" da Umbanda (Prandi, 1991), como desejam alguns estudiosos das religiões de matrizes africanas no Brasil, esta seria definitivamente uma territorialidade a ser pesquisada.

Além disso, destaca-se a Baixada Litorânea como um dos processos aparentemente mais recentes de "territorialização" do axé no Rio de Janeiro, com a abertura de um número significativo de novas casas nesta região; uma maior presença relativa da Umbanda, a participação em redes sociais de outras naturezas, as parcerias com empresas e a prevalência de práticas sociais que refletem mais diretamente os valores éticos e políticos da Umbanda: o trabalho social que visa garantir o bem-estar e a dignidade humana.

Por último, merece destaque o Sul Fluminense, onde também vem ocorrendo um movimento importante de crescimento do número de casas de axé na última década, e uma maior concentração relativa da Umbanda. No entanto, a questão racial, que aparentemente é uma luta política mais ligada ao Candomblé, ali se apresenta com bastante clareza e relevância, enquanto um conteúdo histórico desta região. Ali as casas tendem a ser maiores e as parcerias parecem ser muito menos possíveis.

Finalmente, em resposta às perguntas que nortearam aquele capítulo, podemos afirmar que:

– Sim, há um importante trabalho social em curso no interior das redes horizontais de solidariedade conformadas pelos terreiros no Rio de Janeiro, e este trabalho vem contribuindo significativamente para garantir a segurança alimentar de um conjunto de mais de 180 mil pessoas em 30 municípios do estado. A este respeito, a análise das ações sociais realizadas pelas casas pesquisadas, correlacionando-as às demais variáveis que compõem este estudo, apresentou valores percentuais que permitem sustentar esta afirmação, no contexto das observações possíveis para uma pesquisa como a presente.

– Sim, há "processos de territorialização" do axé no Grande Rio, que resultam na construção de territórios-rede de religiões de matrizes africanas. Estas territorialidades são, a um só tempo, históricas e dinâmicas; são gestadas e geridas pelos seus adeptos; são conhecidas e vivenciadas pelos seus vizinhos, e são utilizadas e apoiadas pelos seus frequentadores e simpatizantes.

Resta apenas que elas sejam (re)conhecidas e valorizadas pela sociedade em geral, e pelo Estado em particular.

Finalmente, o capítulo intitulado "A 'intolerância religiosa': análise de relatos de discriminação e de cerceamento do exercício da liberdade religiosa" se ocupa de descrever e analisar os registros de ocorrências de atos de violência –

material ou simbólica – perpetrados contra os terreiros e seus adeptos, confirmando largamente uma das mais importantes hipóteses desta pesquisa na sua dimensão política. Mais da metade dos colaboradores ofereceram relatos de atos de discriminação religiosa. Em relação às demais perguntas do questionário, a pergunta que se referia à discriminação ou manifestação de intolerância sofrida pela casa, ou por pessoas da casa, destacou-se das demais, por exigir uma maior atenção e demandar maiores esclarecimentos e explicações do pesquisador oferecidas ao colaborador.

Neste sentido, cabe pontuar que, muitas vezes, conforme relato dos pesquisadores de campo, o colaborador respondeu inicialmente de forma negativa à pergunta. No entanto, transcorrido algum tempo, este pediu para mudar a resposta e relatou algum episódio que interpretou como uma manifestação de discriminação religiosa. São muitas, de fato, as hipóteses possíveis a este respeito, e que remetem a questões teóricas e metodológicas em diferentes níveis. Entre elas inscreve-se, sem dúvida, a hipótese de equívocos na nossa escolha vocabular, ou falhas nos procedimentos de abordagem do colaborador.

Há também o dado da naturalização da violência a que todos estamos submetidos, que, muitas vezes, nos cega para gestos, falas e práticas violentas (Scott, 1990). Por outro lado, podemos argumentar também que este seja um campo com mudança de valores em curso, com as decorrentes ambiguidades que estariam envolvendo o entendimento ou enquadramento de certas manifestações, especificamente como "intolerância religiosa", a terminologia utilizada no questionário. A este respeito, importa informar que das 432 casas que afirmaram terem sofrido violência, 425 (mais de 98% delas) decididamente especificam e explicam as ocorrências, o que atesta o desejo de denunciar. Esses relatos nos permitiram etnografar essas práticas, uma novidade acadêmica, quando consideramos o corte epistêmico e o volume extraordinário de informações coletadas.

O que já se percebeu em um primeiro contato com esses relatos foi que as fronteiras entre o que seriam manifestações de "intolerância religiosa" e manifestações de "racismo" – ideias que, supúnhamos associadas no projeto – aparecem em muitos relatos como muito nebulosas, indicando, provavelmente, uma percepção de superposição entre discriminação religiosa e racismo. De toda forma, estas questões podem apontar tanto uma eventual falta de intimidade dos colaboradores com os termos utilizados no questionário, quanto indicar dificuldades de classificação, ou ainda podem significar desconfiança diante do entrevistador, e mesmo do que ele representa. Ainda assim continuamos diante de algo sobre cuja qualificação – ou precisa significação – boa parte dos colaboradores parece, de alguma forma, não se sentir muito à vontade.

Apesar de vários religiosos fazerem questão de mencionar e identificar as origens e raízes étnicas de suas denominações, a conexão entre afiliação religiosa e identificação étnico-racial nem sempre se encontra presente, e quando se verifica, não parece ter a mesma intensidade em todos os casos. Como seria de se esperar, ao menos em relação aos líderes religiosos, é a identidade religiosa que ocupa o núcleo identitário. Por outro lado, há também indícios de certa rejeição do que significaria uma "racialização" das religiões de matrizes africanas.

Tomando como foco de reflexão o tema da discriminação religiosa, este capítulo apresenta o resultado de uma análise preliminar das informações recolhidas e dos dados, que, por sua riqueza e representatividade, merecem ser melhor explorados e analisados. Mesmo assim, já é possível destacar um aspecto: a percepção, por parte dos entrevistados, de que haveria na cidade do Rio de Janeiro uma crescente hostilidade contra seu culto, sua fé, seus adeptos e suas casas de culto.

Esta percepção choca-se frontalmente com certo imaginário da cidade, da qual a festa de *réveillon* no final de ano nas praias é uma verdadeira síntese, em que as procissões e oferendas à *Iyemonjá* e as roupas brancas de todos os presentes ocupam o centro da cena e do ritual em que, nessa hora, todos, sem exceção, parecem confraternizar.

Trata-se aí, parece, de uma efetiva participação dessas religiões na cultura nacional não religiosa, fenômeno observado com pertinência por vários estudiosos, entre eles Prandi, Monteiro e Giumbelli, mas de uma participação que parece não ter como contrapartida um reconhecimento equivalente no plano religioso. Provavelmente Giumbelli (2008) tem razão ao afirmar que essas questões estão ligadas à forma como se deu o processo de legitimação dessas religiões no contexto de modernização da sociedade brasileira.

Certamente que o pleno exercício da liberdade religiosa desse segmento da população não depende somente do acesso a espaços específicos da cidade para a sua viabilização. Poderia, no entanto, contribuir muito para isso uma definição de certos espaços da cidade em que, sem o risco e a expectativa de agressão, esses religiosos pudessem, com tranquilidade, viver sua fé, experimentar sua religiosidade e realizar seus cultos e rituais.

Eis um desafio a mais para aqueles que, por profissão, se dedicam a estudar e, em princípio, tornar melhores, os nossos espaços urbanos.

Em uma cidade que cada vez mais se reivindica como principal cenário de uma brasilidade crível, estética e exportável – tudo isso em escala macro – o reconhecimento da existência de múltiplas territorialidades (con)vivendo no espaço urbano, através de ações concretas de (re)conhecimento das casas de religiões de matrizes africanas e suas redes horizontais de solidariedade, já seria um bom começo para tirar a democracia brasileira – cultural, social, econômica, religiosa e racial – da condição de mito.

REFERÊNCIAS

ACSELRAD, Henri (Org.). *Cartografias sociais e território*. Rio de Janeiro: Universidade Federal do Rio de Janeiro, Instituto de Pesquisa e Planejamento Urbano e Regional, 2008.

ESTATUTO DA IGUALDADE RACIAL-EIR. *Lei nº 12.288/2010*. Disponível em: <http://legislacao.planalto.gov.br/legisla/legislacao.nsf/Viw_Identificacao/lei%2012.288-2010?OpenDocument>. Acesso em 02/10/2012.

FONSECA, Denise P. R., GIACOMINI, Sônia M. e REGO, Luiz Felipe G. *Projeto de pesquisa do Mapeamento das casas de religiões de matrizes africanas no Rio de Janeiro*. Rio de Janeiro: Nima/Nirema/PUC-Rio, 2008. Manuscrito de acesso restrito.

GIUMBELLI, Emerson. Presença do religioso no espaço público: modalidades no Brasil. *Religião e Sociedade*, v. 8, n. 2, Rio de Janeiro, 2008, p. 80-101.

HAESBAERT. Rogério. Da desterritorialização à multiterritorialidade. *Anais do X Encontro de Geógrafos da América Latina*. Universidade de São Paulo, 2005. pp. 6.774-6.972. Disponível em: <http://www.planificacion.geoamerica.org/textos/haesbaert_multi.pdf>. Acesso em 08/10/2012.

INSTITUTO BRASILEIRO DE GEOGRAFIA E ESTATÍSTICA – IBGE. Indicadores sociais municipais 2010: incidência de pobreza é maior nos municípios de porte médio, 2011. Disponível em: <http://www.ibge.gov.br/home/presidencia/noticias/noticia_visualiza.php?id_noticia=2019&id_pagina=1>. Acesso em 09/10/2012.

MONTERO, Paula. Religião, pluralismo e esfera pública no Brasil. *Novos Estudos*, n. 74, mar./2006, p. 47-65.

MULHOLAND, Caitlin e PIRES, Thula. *Cartilha para legalização de casas religiosas de matriz africana*. Rio de Janeiro: Departamento de Direito da PUC-Rio, Superdir, 2012. Disponível em: <http://www.jur.PUC-Rio.br/pdf/CARTILHAimpressao.pdf>. Acesso em 12/09/2012.

PRANDI, Reginaldo. *Os candomblés de São Paulo*. São Paulo: Hucitec, 1991.

PRESIDÊNCIA DA REPÚBLICA. CASA CIVIL. *Constituição da República do Brasil de 1988*. Disponível em: <http://www.planalto.gov.br/ccivil_03/constituicao/constituicao.htm>. Acesso em 03/04/2013.

SCOTT, James C. *Domination and the Arts of Resistance. Hidden Transcripts*. New Haven: Yale University Press, 1990.

Posfácio de Mãe Flávia Pinto
Babá da Casa do Perdão

A pesquisa *Mapeamento das casas de religiões de matrizes africanas no Rio de Janeiro* nasceu da necessidade premente de se estabelecer políticas públicas que possam beneficiar as comunidades de terreiros de Umbanda e de Candomblé do Rio de Janeiro e do Brasil. Minha ainda curta, porém intensa, caminhada de 15 anos em busca dos direitos das religiões brasileiras me fez trilhar em paralelo os caminhos dos direitos humanos, tentando entender as razões para tão profundo preconceito e discriminação contra essas tradições religiosas, que são tão bonitas e profundas.

Primeiramente tive que conhecer nossa constituição histórica, social, econômica e cultural para compreender que, para reverter o processo de invisibilização dos templos de Umbanda e de Candomblé do cenário público, teríamos que "corrigir a História", iniciando um processo de luta por uma cidadania ainda não construída, e que isto não poderia prescindir de um levantamento que identificasse quantos terreiros existem no Rio de Janeiro, onde estes estão localizados e qual a sua situação de sobrevivência.

O próximo passo seria iniciar o ainda polêmico processo de legalização jurídica de cada templo, para romper com o anonimato civil, e possibilitar que essas instituições religiosas passem a protagonizar a luta pela defesa da liberdade religiosa – como aliás o vêm fazendo –, pelo direito de praticar nossa cultura religiosa ancestral e, finalmente, de receber apoio para os trabalhos sociais que tantos terreiros realizam, realidade que esta pesquisa confirma. Sempre estive convencida de que não haveria outro caminho, pois, felizmente para uns, e infelizmente para outros, o poder público só dialoga com as instituições que são juridicamente constituídas.

Um grande desafio a ser encarado por nós sacerdotisas (dotes), mães, pais, *mametos, yiás*, babás, zeladores, dirigentes e praticantes da Umbanda e do Candomblé do Brasil – o de pensar o passado, entender o presente e refletir sobre nossa sobrevivência futura – passa, inevitavelmente, por este processo de organização civil, política e econômica, para garantir a perpetuidade no país das nossas práticas milenares em tempos modernos.

Posto que promover a realização de tal mapeamento fosse um dos meus maiores desafios, bati em muitas portas acadêmicas, começando por instituições públicas, que ignoraram ou mesmo desdenharam do projeto, considerando o mapeamento, no mínimo, desnecessário. Neste processo, cheguei à Casa de Mãe Beata de Iyemonjá, que, após duas horas de escuta atenciosa, mandou pegar sua agenda telefônica e ligar para a professora Denise Pini Rosalem da Fonseca, da PUC-Rio, o que fiz imediatamente. Com a professora Denise ao telefone, Mãe Beata tomou a palavra e apresentou a demanda à PUC-Rio. Dois dias depois foi realizada uma reunião na residência da professora, durante a qual se discutiram os meios para a realização da pesquisa, e foi enfatizada a necessidade de que alguns de nós nos tornássemos estudantes daquela universidade.

Estávamos em 2003. Naquele tempo, nem eu, nem Adailton Moreira Alves (*Babá Kekere* do *Ylé Omi Ojuarô*) éramos ainda estudantes da PUC-Rio. Eu também ainda não era filha de santo de Mãe Beata. Durante os dois anos seguintes o assunto não caminhou muito, pois a professora mudou-se temporariamente para o exterior. Um par de anos depois eu e Adailton fomos aprovados no vestibular para o Departamento de Ciências Sociais da PUC-Rio, e em 2009, já como bolsistas da instituição, pudemos retomar a ideia do projeto, com a volta da professora ao Brasil.

A pesquisa seria desenvolvida pelo Núcleo Interdisciplinar de Reflexão e Memória Afrodescendente (Nirema), logo após a transição da coordenação da professora Ângela Maria Randolpho Paiva para a professora Sônia Maria Giacomini, ambas do Departamento de Ciências Sociais. O Núcleo Interdisciplinar de Meio Ambiente (Nima), sob a coordenação do professor Luiz Felipe Guanaes Rego, foi convidado a contribuir com o mapeamento no que se referia ao georreferenciamento dos templos a serem mapeados.

A partir destas definições iniciou-se um diálogo com a Reitoria, e com lideranças nas arenas políticas regional e nacional, para construir o suporte institucional e buscar financiamento para a realização do projeto. Estava claro que não seria fácil encontrar parceiros para este tema e, neste contexto, as contribuições da secretária nacional de Combate ao Racismo do Partido dos Trabalhadores, Cida Abreu, da então subsecretária de Comunidades Tradicionais da SEPPIR/PR, Ivonette Carvalho, e do então ministro da SEPPIR/PR, Edson Santos, foram decisivas.

Por entender que este projeto não poderia se dar sem o suporte do próprio segmento religioso de matriz africana do Rio de Janeiro, constituiu-se então um *Conselho Griot*, formado por 14 autoridades religiosas de Umbanda e de Candomblé, centrando nas figuras de Mãe Beata de Iyemonjá e de Pai Pedro Miranda as principais articulações deste diálogo com o Candomblé e com a Umbanda, respectivamente.

O *Conselho Griot* reuniu-se com a coordenação acadêmica e com os monitores e pesquisadores de campo durante todo o processo de concepção da pesquisa de mapeamento, em oficinas que possibilitaram construir o projeto durante os 18 meses que antecederam o início dos trabalhos de campo. É importante salientar que ficamos com a impressão de que essa tenha sido a primeira vez que representantes da Umbanda e do Candomblé do Rio de Janeiro reuniram-se para defender coletivamente suas pertenças religiosas, uma vivência que foi de profundo aprendizado para todos nós.

Vale lembrar também que, dentre os critérios estabelecidos naquelas oficinas para a seleção dos 20 pesquisadores de campo, incluiu-se a decisão de selecionar alunos que fossem negros, ou que tivessem ligação com este segmento religioso, sendo 20% destes de outras universidades, para serem contemplados com bolsas de iniciação científica. Tudo posto, fomos a campo realizar esta pesquisa, que é inédita, na função de monitora de campo, junto com Adailton. Neste trabalho, ambos tivemos o desafio de conhecer a religiosidade para além dos limites dos nossos próprios terreiros, e isso foi desafiador, pois só conhecemos algo de fato quando mergulhamos no universo pesquisado. Foi um grande aprendizado!

Ao final do trabalho de campo os recursos para a finalização dos produtos da pesquisa foram recolhidos pela nova gestão da SEPPIR/PR, e a equipe foi obrigada a concluir os trabalhos com recursos próprios. Por outro lado, contamos com outros importantes parceiros, tais como a Superintendência de Assuntos Coletivos e Difusos da Secretária de Ação Social e Direitos Humanos do Estado do Rio de Janeiro (Superdir), na pessoa do superintendente Claudio Nascimento, e o Departamento de Direito da PUC-Rio, na pessoa do professor Adriano Pilatti. Destas parcerias resultou a criação da *Cartilha para legalização de casas religiosas de matriz africana*, mais um presente para a comunidade religiosa brasileira e afro-brasileira. Finalmente, por ser esta a primeira pesquisa no país sobre casos de intolerância religiosa, recebemos o Prêmio Nacional de Direitos Humanos 2011, na categoria Liberdade Religiosa, entregue pela presidenta Dilma Rousseff.

Este livro é o produto final que devemos às comunidades religiosa e acadêmica e também ao poder público. Agradeço a todos os que foram aqui citados, mas também a todos os que anonimamente colaboraram para este feito. Este não é o fim, mas sim uma etapa que se completa de um processo que nos levará a um novo momento histórico, onde não seremos mais um povo desunido e distante na busca dos seus interesses. O Brasil precisa saber que tem religião brasileira no seu interior e que também devemos ser respeitados.

Salve o Caboclo das Sete Encruzilhadas!

Salve *Yemonjá*!

Salve todos os nossos ancestrais indígenas, negros, ciganos e brasileiros, que nos deram força e sabedoria para concluir este trabalho! Sem estas presenças seria impossível chegar até aqui.

Que venham novas frentes de trabalho, pois muito ainda temos que fazer em prol da nossa Fé, da nossa Cultura e da nossa Tradição!

Meu saravá fraterno.

Autoras e colaboradores

AUTORAS

Denise Pini Rosalem da Fonseca possui graduação em Arquitetura e Urbanismo pela Universidade Federal do Rio de Janeiro (1980), mestrado em *Latin American Studies* pela Universidade de Houston (1991) e doutorado em História Econômica pela Universidade de São Paulo (1996). Atualmente é professora associada da PUC-Rio no Departamento de Serviço Social, onde trabalha com formas de resistência social, com ênfase na esfera local de comunidades urbanas pobres. Tem experiência na área de História, com ênfase em História Latino-Americana, atuando principalmente nos seguintes temas: lideranças femininas, pertenças religiosas, mulheres negras, literatura feminina e cultura latino-americana.

Sônia Maria Giacomini possui graduação em História (*Licence d'Histoire*) pela Université Paris 7 (1979), e em *Administration Economique et Sociale, option Sciences de la Société* pela Université Paris 7 (1976), mestrado em Antropologia Social pelo PPGAS-Museu Nacional da Universidade Federal do Rio de Janeiro (1992) e doutorado em Sociologia pela Sociedade Brasileira de Instrução – SBI/IUPERJ (2004). Desde 1980 é professora da PUC-Rio. Tem experiência na área de Sociologia e Antropologia, com ênfase em Antropologia das Populações Afro-Brasileiras e Antropologia Urbana, atuando principalmente nos seguintes temas: relações de gênero, relações raciais, cultura, corporalidades, sexualidade, pensamento social brasileiro.

COLABORADORES

Beatriz Moreira Alves – Mãe Beata de Iyemonjá é ialorixá da Comunidade de Terreiro *Ilê Omi Ojuarô*. Foi representante brasileira na "Conferência Mundial das Nações Unidas contra o Racismo, Discriminação Racial, Xenofobia e Intolerância Correlata", realizada em Durban, África do Sul, em 2001. Participa ativamente como liderança político-religiosa dos movimentos de resistência negra no Rio de Janeiro.

Flávia Pinto é bacharel em Ciências Sociais pela PUC-Rio (2013) e assessora da coordenadoria geral de direitos humanos da Secretaria de Desenvolvimento Social da Prefeitura do Rio de Janeiro. Atua como articuladora do Grupo de Trabalho pela Diversidade Étnica e Religiosa do município do Rio de Janeiro. É Babá do Terreiro de Umbanda Casa do Perdão, no Medanha e coordenadora do projeto social Brasil Responsável, em Vila do Vintém. Ganhou o Prêmio Nacional de Direitos Humanos de 2011 na categoria Diversidade Religiosa.

Francisco Ivern Simó SJ é mestre e doutor em Ciências Políticas e Sociais pela Universidade de Louvain (Bélgica). Possui mestrado em Filosofia (Sacred Heart College, Shembaganur, Índia) e em Teologia (St. Mary's University, Halifax, Canadá). Trabalhou sete anos no Indian Social Institute, de Nova Délhi, Índia. Durante onze anos dirigiu o Instituto Brasileiro de Desenvolvimento (IBRADES), atualmente localizado no Centro Cultural de Brasília. Foi Conselheiro Geral do Superior Geral da Companhia de Jesus em Roma, Superior Provincial dos Jesuítas no Brasil e fundador e primeiro presidente da Conferência dos Superiores Provinciais dos Jesuítas na América Latina. Atualmente é vice-reitor da PUC-Rio. É autor de vários livros e de numerosos artigos sobre sociologia urbana e desenvolvimento socioeconômico.

Henri Acselrad possui mestrado em Economia pela Université Paris 1 (*Panthéon-Sorbonne*) e doutorado em Planejamento, Economia Pública e Organização do Território pela Université Paris 1 (*Panthéon-Sorbonne*) (1980). Atualmente é professor associado do Instituto de Pesquisa e Planejamento Urbano e Regional da Universidade Federal do Rio de Janeiro. Tem experiência na área de Planejamento Urbano e Regional, atuando principalmente nos seguintes temas: modelos de desenvolvimento e conflitos ambientais; ecologia política da sustentabilidade; política e regulação ambiental; apropriações sociais da sustentabilidade urbana; movimentos sociais, desigualdade e justiça ambiental; cartografia social.

Pedro Miranda ingressou na Sagrada Lei de Umbanda em 1953, na Tenda Espírita São Jorge, a sexta tenda fundada pelo Caboclo das Sete Encruzilhadas, a qual dirige há 30 anos. Foi o fundador, em 3 de julho de 1978, da Cabana do Mestre *Omulu* (Cameo), sob a irradiação de Vovó Joana da Bahia, na localidade de Rio de Ouro, município de São Gonçalo, Rio de Janeiro. Preside a União Espiritista de Umbanda do Brasil (Ueub), que foi a primeira instituição filiativa fundada com a orientação espiritual do Caboclo das Sete Encruzilhadas. Participou da fundação de diversos templos de Umbanda no Rio de Janeiro e em outros estados do Brasil e é membro de diversos grupos de diálogo inter-religioso.

Rogério Haesbaert possui licenciatura (1979) e bacharelado (1980) em Geografia pela Universidade Federal de Santa Maria. É mestre em Geografia pela Universidade Federal do Rio de Janeiro (1986) e doutor em Geografia Humana pela Universidade de São Paulo (1995), com doutorado sanduíche no Instituto de Estudos Políticos de Paris, pós-doutorado em Geografia na Open University (Milton Keynes, Inglaterra, 2003). Professor Associado da Universidade Federal Fluminense, onde trabalha desde 1986. Professor visitante da Open University (Milton Keynes, Inglaterra), da Universidade de Toulouse Le Mirail (França), da Universidade de Paris VIII (Paris-St. Denis) e da Universidade de Buenos Aires (Argentina). Tem experiência nas áreas de Geografia Humana (ênfase em Geografia Política e Geografia Cultural), Geografia Regional e Teoria da Geografia, atuando principalmente nos seguintes temas: território, desterritorialização, identidade territorial, globalização, região e regionalização.

Anexos – Documentos da pesquisa

TERMO DE CONSENTIMENTO LIVRE E ESCLARECIDO
ENTREVISTA DE PESQUISA COLABORATIVA

Entrevistas com lideranças religiosas

Objetivo do estudo

O objetivo deste estudo, que utiliza entrevistas orais com as lideranças das casas de religiões de matrizes africanas no Rio de Janeiro, é a da promoção do respeito pelas tradições religiosas ancestrais e de um diálogo inter-religioso para a construção de uma cultura de paz.

Alternativa para participação no estudo

O (A) senhor (a) tem o direito de não participar nesta pesquisa. A informação coletada será utilizada somente para pesquisa.

Procedimento do estudo

O (A) senhor (a) será entrevistado (a) por um (a) pesquisador (a), por aproximadamente 30 minutos, sobre a representação da sua casa de religião. O (A) entrevistador (a) perguntará sobre a sua identificação (nome, idade, etc.) e sobre o seu conhecimento sobre as histórias da casa de religião que o (a) senhor (a) lidera ou representa.

Riscos

Um possível risco seria a perda de confidencialidade. Contudo, medidas contra isto serão tomadas para que não ocorra. As entrevistas serão especificamente sobre a representação da casa de religião que o (a) senhor (a) lidera ao representa. Será possível que isto lhe incomode e lhe cause cansaço. Contudo, o (a) senhor (a) poderá decidir não responder questões que lhe causem estes efeitos e, também, parar a entrevista a qualquer momento.

Benefícios

As informações coletadas são apenas para a pesquisa e não trazem benefícios diretos para o (a) senhor (a).

Normas da pesquisa e direitos dos participantes

Sua participação é voluntária e o (a) senhor (a) pode desistir de participar em qualquer momento da pesquisa sem que isso prejudique sua relação com a instituição à qual está afiliado (a), com a PUC-Rio e com as demais instituições envolvidas com a pesquisa. Sua participação é confidencial. Sua identidade NÃO será revelada em nenhuma hipótese, e as leis regulando tais procedimentos serão seguidas quando os resultados do estudo forem publicados. A informação obtida neste estudo será usada somente para propósitos da pesquisa. Toda a informação será codificada e seu nome não estará conectado com suas respostas. Registros, fitas, imagens e áudios e todos os outros materiais relevantes serão mantidos trancados nos arquivos e disponíveis a mais ninguém a não ser o (a) entrevistador (a) e os profissionais envolvidos na análise dos dados coletados.

Confidencialidade

Nenhuma publicação, partindo desta pesquisa, revelará os nomes de quaisquer participantes da mesma. Informações armazenadas nos computadores ou transmitidas

TCLE – Termo de Consentimento Livre e Esclarecido

TERMO DE CONCESSÃO DE DIREITOS DE USO DE IMAGEM E OUTROS PACTOS
Entrevistas com lideranças religiosas

Eu, abaixo qualificado, permito e autorizo, de forma irrevogável e irretratável, a PUC-Rio, seus prepostos e/ou designados, bem como a quaisquer outros autorizados pela instituição, o uso, a reutilização e a divulgação da minha imagem individual ou coletiva em materiais de publicação **de uso acadêmico**, permitindo e autorizando, ainda, quaisquer reproduções daí derivadas.

Por imagem coletiva entende-se toda e qualquer imagem minha em conjunto com outro(s) indivíduo(s) retratado(s) pelo projeto **Mapeamento das casas de religiões de matrizes africanas no Rio de Janeiro**.

A utilização, a reutilização e a divulgação acima referidas poderão ocorrer através de todos e quaisquer meios e veículos de divulgação ou reprodução existentes ou que venham a ser criados, incluindo, mas não se limitando a televisão, rádio, mídia eletrônica, etc.

A concessão aqui pactuada é feita de forma gratuita, nada havendo para ser pleiteado ou recebido da PUC-Rio a que título for, em função da mesma. Tais direitos podem ser cedidos a quaisquer terceiros de interesse da Universidade, independentemente de nova autorização.

Neste ato, o abaixo qualificado abre mão de qualquer direito que possa ter de inspecionar ou aprovar a arte final ou qualquer material relacionado ao uso de imagem ora concedido, sendo certo que a PUC-Rio não usará a imagem, nem outros direitos ora assegurados, de forma que possa ser considerada pejorativa ou distorcida.

Declaro que estou de pleno acordo com os termos e condições do presente instrumento e que disponho de plenos poderes para firmar a presente **Concessão de Direitos de Uso de Imagem e Outros Pactos**, não necessitando de consentimento de terceiros para assiná-la.

Rio de Janeiro, RJ, ____ de _____ de 200____.

_____
Assinatura

Favor preencher em letra de forma os seguintes dados:

Nome completo:
CPF:
RG:

TCDI – Termo de Concessão de Direitos de Uso de Imagem e Outros Pactos

Questionário da pesquisa – Instrumento da pesquisa de campo

PUC
RIO

PESQUISA DE MAPEAMENTO DE CASAS RELIGIOSAS DE MATRIZ AFRICA RIO DE JANEIRO

QUESTIONÁRIO:

1. Nome da casa (religioso): --

1.1 –Tem outro nome (jurídico): ---
1.2 - Qual a divindade patrona da casa: ---
1.3 - Nação ou denominação: ---

1.4 – Qual a data da fundação da casa? --

2. Nome do respondente: ---

2.1 – Função do respondente ---
3. Nome do responsável da Casa (religioso): ---

3.1 – A liderança religiosa é a mesma da fundação?   Sim --- Não ---
3.2 – Qual o nome da liderança anterior? --
----

4. Endereço completo da casa especificado: --

---------------- *Ponto de referência:*

4.1 - Cep ---------------------- *4.2 – Bairro:* --
4.3 – município: --
4.4 – e-mail e/ou site: ---

4.5 - Telefone
5. É o 1º endereço desde a fundação?   Sim --- Não---
5.1 – Qual endereço anterior(es)? ---
----
6. Autoriza fotografia?   Sim --- Não ---

7. Autoriza localização GPS?   Sim --- Não ---